BIOGRAPHIES CONTEMPORAINES

PAR

ALFRED CAREL

MOI

NANA

Hops

LABICHE

ÉMILE ZOLA

CHAMPFLEURY

AURÉLIEN SCHOLL

ÉMILE AUGIER

VICTOR HUGO

ÉMILE DE GIRARDIN

CHARLES MONSELET

GOUNOD

ALPHONSE DAUDET

GIL-NAZA

JULES CAZOT

DETAILLE

TH. DE BANVILLE

PARIS

CAPIOMONT aîné, CALVET & Cⁱᵉ, Libraires-Éditeurs

SUCCESSEURS DE Vᵉ BENOIST ET Cⁱᵉ

10, RUE GIT-LE-CŒUR, 10

BIOGRAPHIES CONTEMPORAINES

EUGÈNE LABICHE

E portrait que nous allons esquisser est celui d'un homme auquel la fortune n'a cessé de prodiguer ses faveurs ; la vie n'a eu pour lui que des caresses.

Eugène Labiche, né de parents riches, qui l'adoraient, connut dès l'enfance ce bonheur tranquille qui ne l'a jamais abandonné. Tout a réussi au gré de ses désirs.

Voyez son élection à l'Académie française. Il lui passe un beau jour par la cervelle le désir de se voir académicien, lui, le fantaisiste par excellence, le joyeux faiseur de vaudevilles, le fournisseur attitré des plus désopilantes folies du Palais-Royal, des Variétés et du Vaudeville, le Labiche du rire perpétuel dont le style n'a absolument rien d'académique, — puisqu'on entend par là le style lourd, pédantesque et ennuyeux.

Peut-être s'est-il dit que sa bonne humeur et sa communicative gaieté allaient ranimer un peu cette assemblée morose, si médiocrement composée à cette heure.

Quoi qu'il en soit, un fauteuil étant vacant par suite de la mort de M. de Sacy, Eugène Labiche se mit bravement en route et alla faire aux trente-six immortels survivants les visites obligatoires pour tout candidat.

Comment! disaient les esprits grincheux, Labiche veut succéder à M. de Sacy, à ce fin lettré, à cet admirateur du grand siècle et du grand style! Or, voici un souvenir tout à fait piquant et une réponse inattendue.

Un soir, M. Legouvé, qui songeait peut-être déjà à lancer la candidature de M. Labiche, donne un diner dans cette salle à manger de la rue Saint-Marc, où tant d'illustres ont passé, et il place tout justement M. Labiche à côté de M. de Sacy.

— Je vous mets, mon cher ami, à la gauche du *Misanthrope.*

M. de Sacy était stupéfait.

— Du *Misanthrope* et l'*Auvergnat.*

— Plus *Auvergnat* que *Misanthrope*, pourtant, fit Labiche.

On se mit à causer. On parla de théâtre; on parla de Voltaire, Labiche l'aime comme M. de Sacy aimait Mme de Sévigné.

Après le dessert, M. de Sacy s'approche de M. Legouvé et lui dit :

— Mais il est charmant, votre Labiche! Mais il a de l'esprit jusqu'aux ongles, et ce qu'il a de plus charmant, c'est que son esprit n'a pas d'ongles!

— Alors, s'il se présentait à l'Académie, vous lui donneriez votre voix?

— Je vous le promets.

Le pauvre M. de Sacy a fait mieux que de lui donner sa voix, il lui a donné sa place! Labiche a, en effet, été nommé membre de l'Académie, le jeudi 26 février, au premier tour de scrutin.

***

Eugène-Marin Labiche, né à Paris le 5 mai 1815, fit ses études au collège Bourbon, aujourd'hui lycée Fontanes.

Comptant sur sa prodigieuse mémoire, l'écolier, fort gâté du reste par ses parents, en prenait fort à son aise; ce qui ne l'empêcha pas de passer brillamment son examen de bachelier; il avait appris par cœur tout le *Manuel du baccalauréat ès lettres!* Il entra à l'École de droit et devint licencié malgré l'indifférence absolue qu'il témoigna toujours pour les *Pandectes* et les *Institutes.*

Au sortir du collège, il fit, en compagnie de trois amis, un voyage en Suisse, en Italie et en Sicile, presque toujours à pied, par étapes, comme on faisait en ce temps-là.

Chaque soir, en arrivant au gîte, quelles qu'eussent été les fatigues de la journée, Labiche écrivait minutieusement le compte rendu de ses impressions sur de petits cahiers que Nadar, son ami intime, a recopiés sur un gros registre avec des illustrations.

On trouve dans ces notes, remarquablement pittoresques et pleines d'observations, les lignes que voici, datées de Naples :

« J'avais déjà plus d'une fois pu constater qu'il est bon de compter deux fois son argent avec les changeurs de ce pays.

« Ce matin, j'ai été convertir en monnaie au cours les cinq cents francs que mon père m'a envoyés.

« Le banquier, qui demeure dans une petite maison, au premier étage, a été fort aimable et m'a donné d'excellents conseils pour ce pays, vu mon âge.

« J'ai pris congé de lui en le remerciant, et, tout en descendant l'escalier, j'ai compté mon argent : — il m'avait gardé cinquante francs de plus que le change convenu.

« Je remonte immédiatement et frappe à la porte, qui s'ouvre :

« — Monsieur, vous m'avez donné cinquante francs de moins!

« — Tiens! — dit l'homme, plus gracieux et plus souriant que jamais, — vous vous en êtes aperçu?... »

Dès 1835, Labiche envoyait des articles aux petits journaux, tels que *l'Essor, le Chérubin, la Revue de France* et *la Gazette des Théâtres.*

C'est aussi vers cette époque qu'il écrivit son premier livre, intitulé : *la Clef des champs.* Mais qui oserait éditer un volume de cet inconnu qui n'avait pas vingt ans? Avec sa chance habituelle, Labiche sut dénicher du premier coup le merle blanc; — un éditeur intelligent qui aimait les jeunes et publiait leurs livres. — Gabriel Roux n'hésita pas, en effet, à se charger de l'édition de ce volume devenu depuis longtemps introuvable.

Labiche fit sa première pièce en collaboration avec Marc-Michel et Lefranc; elle est intitulée : *Monsieur de Coyllin, ou l'Homme infiniment poli.* Cette pièce fut jouée sans trop de succès au Palais-Royal; elle servit de premier début à Grassot.

Labiche avait trouvé sa voie.

On doit à ce fécond et spirituel vaudevilliste, qui tient une place à part dans le théâtre contemporain, près de deux cents pièces.

Le premier, il osa faire représenter des vaudevilles sans couplets.

Parmi les comédies, opéras-comiques, vaudevilles, citons un peu au hasard les pièces suivantes, que tout le monde connaît et que beaucoup ont applaudies sans s'inquiéter du nom de l'auteur :

Erisette, — Madame Larifla, — Embrassons-nous, Folleville, — Un garçon de chez Véry, — Un chapeau de paille d'Italie, cette fantaisie épique qui fit la réputation de Ravel, — *Un Monsieur qui prend la mouche, — Le Misanthrope et l'Auvergnat, — Edgar et sa bonne, — Deux profonds scélérats, — L'Affaire de la rue de Lourcine, — Les Petites mains, — Les deux timides, — Le Voyage de Monsieur Perrichon,* une des meilleures pièces du théâtre contemporain. Faite en collaboration avec Édouard Martin, cette très amusante comédie fut jouée d'abord au Gymnase, en 1860; elle fait aujourd'hui partie du répertoire de l'Odéon, où elle a été reprise l'année dernière avec un succès encore plus vif peut-être que lors de sa première apparition.

Les Vivacités du Capitaine Tic, — La Poudre aux yeux, — Les Petits oiseaux, — Les Trente-sept sous de M. Montaudoin, — Célimarre le bien-aimé, — La Cagnotte, — Le Voyage en Chine, opéra-comique, — *La Grammaire, — La Main leste, — Le Corricolo,* opéra-comique, — *Le Cachemire X. B. T., — Le Plus heureux des trois,* un chef-d'œuvre du genre, écrit en collaboration avec Gondinet.

Un Mouton à l'entresol, — Les Trente millions de Gladiator, — Le Prix Martin, comédie, en collaboration avec Émile Augier.

Dans cette liste déjà si longue et pourtant bien incomplète, j'ai omis à dessein les pièces réactionnaires que Labiche fit représenter de 1848 à 1850 et qui ne sont certes pas ses meilleures.

Labiche a eu des collaborateurs pour la plupart de ses pièces; les principaux sont Delacour, Édouard Martin, Marc-Michel, Lefranc, Dumanoir, Clairville et Gondinet.

Labiche écrit presque toujours les pièces en entier, et ses collaborateurs servent plutôt à l'exciter par la contradiction qu'à lui donner des idées.

Pour avoir une réputation de profondeur, il ne lui a manqué qu'un peu de pédantisme, et qu'un peu d'amertume pour être un profond moraliste.

Labiche a fait jouer à la Comédie-Française une seule grande pièce : *Moi* (1864), et un charmant petit acte en collaboration avec M. Legouvé : *La Cigale chez les fourmis*. *Moi* obtint un assez joli succès; mais comme on sentait que le joyeux auteur avait mis une sourdine à sa fantaisie et refréné les élans de sa bonne humeur habituelle ! Il y a dans cette pièce une scène tracée de main de maître : celle où une nièce, pour empêcher son oncle d'épouser une jeune fille, lui raconte les souffrances qu'elle a éprouvées pour s'être mariée avec un vieillard. « Et lui ? interroge l'égoïste. — Lui ? il a été très heureux. — Eh bien, alors ? » C'est admirable d'observation.

Quoi qu'il en soit, Labiche ne voulut pas renouveler l'expérience ; l'attitude guindée des artistes de la Comédie-Française ne pouvait lui convenir, et il retourna vite à ses théâtres favoris.

Je cueille dans une biographie cette amusante anecdote :

Dans une de ses pièces où un chapeau jouait un rôle important, Labiche, à qui le nom du chapelier n'était pas indifférent, avait mis celui de son fournisseur. Il avait invité l'honorable commerçant à la première représentation ; mais il avait compté sans son collaborateur qui, de son côté, avait invité son propre chapelier et avait changé le nom inscrit par Labiche. Le soir de la première, chacun des deux chapeliers, bien assis aux fauteuils d'orchestre, attendait la fameuse scène où, pour reconnaître le propriétaire du chapeau perdu, on prononçait le nom de sa maison. Labiche, le collaborateur, les deux négociants entendirent un troisième nom... celui du chapelier de l'acteur !...

Les œuvres complètes de Labiche sont en cours de publication chez Calmann Lévy ; la première série, comprenant dix volumes, est terminée. L'histoire de cette publication est curieuse.

Émile Augier, qui était allé passer quelques jours à la campagne chez Labiche pour écrire avec sa collaboration *le Prix Martin*, lui dit un jour :

— Je veux avoir votre théâtre ; où le trouve-t-on ?

— Nulle part, répond Labiche. Mes pièces ont été imprimées chez trente-six libraires en trente-six formats différents.

— Faites vos œuvres complètes, alors.

— Vous vous moquez de moi, et vous ne seriez pas le seul si je vous écoutais. Est-ce que ces farces-là sont des œuvres ? Si je faisais mine de les prendre au sérieux, la grammaire et la syntaxe m'intenteraient un procès en dommages-intérêts pour viol !

— Vous les chiffonnez quelquefois, j'en conviens; mais toujours si drôlement qu'elles ne peuvent pas vous en garder rancune. D'ailleurs c'est le droit du maître, et vous êtes un maître.

— Pas un mot de plus !... Sortez, monsieur !

Augier ne sortit pas. Il travailla avec Labiche jusqu'à son départ, et, au moment des adieux, à une dernière objurgation :

— J'y consens, répondit-il de guerre lasse, mais à la condition que vous me présenterez au lecteur et que vous assumerez sur votre tête la moitié de son indignation.

Voilà comment Augier écrivit une préface pour les œuvres de Labiche, après avoir refusé à son éditeur d'en écrire une pour les siennes, donnant ainsi à son ami une preuve irrécusable de son admiration.

Eugène Labiche a la passion de l'agriculture. Avec sa taille athlétique (il a près de six pieds) et ses vêtements amples et commodes, il représente admirablement le *gentleman-farmer*. En 1853, il a acheté en Sologne une propriété de 900 hectares qu'il exploite lui-même, défrichant des landes, plantant des bois, construisant des fermes; il gouverne toute une population de métayers et de serviteurs.

Tout en s'occupant de ses récoltes, le malin vaudevilliste fait poser devant lui ses voisins, propriétaires et paysans ; il a trouvé là les meilleurs types de ses pièces.

Mais Eugène Labiche n'est pas seulement un auteur dramatique de premier ordre, c'est aussi un bon citoyen et un noble cœur.

En 1870, après Sedan, quand l'invasion allemande commença, il quitta Paris, non pas, comme beaucoup d'autres, pour se mettre à l'abri en province ou à l'étranger, mais pour aller s'installer bravement dans sa commune de Sologne dont il était maire. Il renvoya sa femme et son fils dans un département du Midi, et là, tout seul, il attendit les ennemis. L'attente ne fut pas longue : un jour arrive un officier prussien, suivi d'un détachement de cavalerie, et, le pistolet au poing, il demande le maire :

— Y a-t-il des francs-tireurs ici, monsieur le maire?

— Je n'en sais rien, monsieur.

— Eh bien, sachez que, s'il s'en présente, et si vous ne les renvoyez pas, vous serez fusillé, et que je brûlerai le village.

— Comment voulez-vous que je les renvoie? Je n'ai pas d'armes, et si j'en avais, je ne m'en servirais certes pas contre eux.

— Soit, lui dit l'officier prussien en se rapprochant de lui et avec un air de confidence, mais vous pourriez me faire avertir quand ils viendront.

— Vous faire avertir, comment?

— C'est bien simple, dit le Prussien d'un air fin et à voix basse; *envoyez-moi un villageois*.

— Monsieur l'officier, répondit Labiche, je ne sais pas comment cela s'appelle en allemand; mais en français, quand un homme en livre un autre, nous appelons cela un espion ! Or, vous pouvez me faire fusiller si vous voulez, mais quant à me faire faire ce vilain métier-là, jamais! jamais! jamais!

L'officier devint tout rouge, et Labiche, voyant son trouble, ajouta :

— Voyons, monsieur l'officier, si quelqu'un vous faisait une proposition pareille, l'accepteriez-vous? Non ; eh bien ! pourquoi me proposez-vous de faire ce que vous ne feriez pas?

L'officier garda un moment le silence, et lui dit :

— Vous êtes un brave homme de Français.

— Il y en a beaucoup comme ça, monsieur l'officier.

— A la bonne heure ; mais cela n'empêche pas que, s'il vient des francs-tireurs, je n'en serai pas moins obligé de faire brûler le village!...

Et il partit. Les jours suivants vinrent d'autres détachements, demandant de l'argent et des provisions. Labiche lutta énergiquement, et, mettant au service de son énergie de citoyen ses ressources d'auteur dramatique, il leur disputa, au péril de sa vie, le blé grain à grain et l'argent sou à sou. Enfin, un jour, arrivent des francs-tireurs, qui traversent le village, et le lendemain M. Labiche est mandé à la ville voisine. Tout le monde le regarde comme perdu ; il part bravement, résolu à se défendre le mieux qu'il pourra ; on le conduit sous escorte jusque devant l'officier qui commandait la ville. Quel est son étonnement! il se trouve en face du premier capitaine qui était venu chez lui ; il se dit : « Ah ! il tient sa promesse! mon affaire est claire. »

— Monsieur, lui dit l'officier, je n'ai pas voulu passer si près de vous sans vous serrer la main, car vous êtes un brave homme et *une bonne maire*.

Ce dénouement, aussi inattendu que ceux que trouve Labiche d'ordinaire dans ses pièces, lui parut excellent. Mais tout n'était pas fini. L'armistice conclu, les Prussiens réclamèrent de la commune dont Labiche était maire une somme de dix mille francs, pour sa part dans la contribution du département. Mais si Labiche est un homme de courage et d'esprit, c'est en même temps un homme pratique ; il étudia la convention, et découvrit que sa commune était située sur un terrain neutre, c'est-à-dire entre deux fractions du département qui devaient payer, mais que, quant à elle, elle ne rentrait pas géographiquement dans la convention. Il fit valoir son droit, il batailla, il obtint gain de cause et il sauva ainsi l'argent de sa commune, comme il avait conservé les propriétés et la vie de ses habitants.

.·.

Labiche s'est démis volontairement de ses fonctions de maire ; il se contente d'être simple conseiller municipal. Il a été nommé chevalier de la Légion d'honneur en 1861 et officier en 1870.

Depuis quelques années, le joyeux vaudevilliste a renoncé au théâtre ; le Palais-Royal surtout fait là une grande perte, car il n'a pu remplacer celui qui depuis tant d'années lui apportait la vogue. Malheureusement, la résolution d'Eugène Labiche semble irrévocable, ainsi que le montre l'autographe ci-contre que le maître vient de m'adresser.

Sa propriété de Sologne y gagnera peut-être, mais le théâtre contemporain perd certainement un de ses auteurs les plus aimés et les plus applaudis.

Labiche a fait son entrée officielle à l'Académie le 25 novembre ; il a été reçu par M. John Lemoine. Jamais, de mémoire d'*immortel*, on n'a assisté à une pareille fête de l'esprit. — Le discours du récipiendaire a donné un éclatant démenti au mot si méchant mais si souvent justifié d'Alfred de Musset :

Nu comme le discours d'un académicien !

Novembre 1880.

A. CABEL.

L'auteur dramatique doit se retirer du théâtre trop tôt, afin de ne pas se retirer trop tard

Eugène Labiche

CAPIOMONT aîné, **CALVET** et Cie, éditeurs. 10, rue Gît-le-Cœur, Paris.

Sceaux. — Impr. Charaire et fils.

BIOGRAPHIES CONTEMPORAINES

ÉMILE ZOLA

Epuis quelques années il se fait grand tapage autour du nom d'Émile Zola; ce tapage réjouit fort l'écrivain tellement assoiffé de renommée qu'il n'a pas hésité à abandonner ses amis et à renier ses opinions pour entrer au *Figaro*, où il se livre à un perpétuel dénigrement de tous ceux que le public aime ou vénère; tout cela pour attirer sur lui l'attention, car, en réalité, il a trop de talent et d'esprit pour ne pas se rendre compte tout le premier de la fausseté de ses appréciations.

Mais laissons de côté pour un instant cette misérable évolution — erreur momentanée, espérons-le, d'un esprit aveuglé — nous la jugerons tout à l'heure, et tâchons d'étudier sans rancune ni parti pris cette personnalité qui occupe une grande place dans la littérature contemporaine.

Comme tout le monde, cher lecteur, vous avez vu *l'As-*

sommoir à l'Ambigu; comme tout le monde aussi vous avez lu *Nana*, dont la première édition s'est tirée à soixante mille exemplaires, et dont les éditions suivantes se sont rapidement enlevées; les premiers artistes sont occupés à dessiner et à graver les illustrations pour une nouvelle édition. Le succès est donc tout à fait exceptionnel, j'en conviens. Eh bien, je le déclare hautement, je ne vois là qu'un succès de curiosité, de cette curiosité malsaine qui fit acheter dans ces derniers temps de nombreux exemplaires des feuilles pornographiques si souvent frappées par la justice.

M. Zola est un audacieux en littérature, il écrit le mot propre (on devrait dire le mot sale), ne recule devant aucune description, quelque répugnant que soit le sujet qu'il traite, et c'est précisément les tableaux repoussants qu'il semble préférer. Il me produit l'effet d'un homme du peuple introduit dans un somptueux salon, dont les splendeurs passeraient inaperçues à ses yeux, et qui prêterait toute son attention à une toile d'araignée tendue dans un coin sur les lambris dorés.

Que de fois nous avons vu les lecteurs des romans d'Émile Zola, — je parle surtout des derniers, — rejeter le livre avec dégoût, puis, au bout d'un instant le ramasser, et, continuant la lecture, sourire parfois au récit d'une scène vraiment comique — je ne dis pas une scène touchante ou gracieuse, la sensibilité et l'émotion faisant complètement défaut dans l'œuvre de Zola.

Si l'auteur de *Nana* a été durement traité par la critique, il ne doit s'en prendre qu'à lui-même, car il s'est toujours montré sévère et souvent injuste pour ses confrères. Personne n'a échappé à sa mauvaise humeur ni dans son feuilleton dramatique, ni dans les articles littéraires qu'il envoie à un journal de Russie et qui ont établi dans ce pays sa réputation d'écrivain.

Mais il faut dire aussi que si Émile Zola paraît avoir le caractère aigri, s'il a des *Haines*, comme il l'écrit lui-même, c'est qu'il a beaucoup souffert et longtemps combattu; que s'il est arrivé à s'imposer à la foule et à se créer, en somme, une grande notoriété, c'est à la suite d'un travail opiniâtre, *labor improbus*. Combien d'hommes moins fortement trempés que lui auraient succombé à la lutte! Il en est sorti vainqueur, puisqu'il est arrivé au but qu'il désirait: désormais aucune de ses œuvres ne passera inaperçue.

Comme écrivain Émile Zola prête largement le flanc à la critique. Mais comme homme, avant sa dernière défaillance, il était à l'abri de tout reproche, et le récit de sa vie, jusqu'alors si digne, pouvait servir d'encouragement à tous ceux dont les débuts dans l'existence sont pénibles, et qui seraient tentés de se décourager trop vite.

Son père, Francesco Zola, était de Trévise; il servit quelque temps dans l'armée autrichienne en qualité d'ingénieur militaire; mais il abandonna bientôt le service et se fit ingénieur civil. Il travailla en Allemagne à la construction du premier chemin de fer, passa ensuite en Angleterre, puis vint à Marseille, travaillant toujours. Il fut appelé à Paris pour les fortifications. C'est dans cette ville qu'il se maria, et c'est dans cette ville aussi que naquit Émile Zola, le 2 avril 1840.

L'enfant avait trois ans lorsque sa famille alla s'établir à Aix, où Francesco Zola dirigea la construction du grand canal qui porte son nom. L'entreprise fut plus glorieuse que lucrative; la plus grande partie de la fortune du père Zola consistait en actions de ce canal, il en possédait pour une très forte somme, mais, lorsqu'il mourut, la société liquida et, une fois les dettes payées, il ne resta à la veuve qu'un fort petit capital.

La jeunesse d'Émile Zola ne fut pas gaie; d'un côté la gêne, de l'autre son état maladif (on ne s'en douterait guère aujourd'hui) firent que l'enfant commença tard ses études. Il travaillait peu et cependant il montrait une grande facilité à apprendre. L'idée de se faire écrivain lui vint dès l'âge de quatorze ans. Il s'adonna d'abord... à la poésie! Il mit en vers de nombreux passages des œuvres de Châteaubriand, puis écrivit un roman sur les Croisades,

qu'il a conservé et qu'il montre parfois en souriant à ses amis.

A dix-huit ans, il revint à Paris, termina ses études au lycée Saint-Louis et fut reçu bachelier. Il entra à la librairie Hachette, à cent francs d'abord et ensuite à deux cents francs par mois, puis il collabora quelque temps au *Figaro*. Il perdit bientôt cet emploi. Alors commença pour lui une série de dures épreuves. Il connut la misère, cette misère noire et affreuse qui a englouti tant de belles intelligences. Ce fut à ce moment qu'il vit de près ces types qu'on retrouve dans *le Ventre de Paris*, dans *l'Assommoir* et dans *Nana*. Il habita ces maisons lugubres, où grouillent des centaines de malheureux. Mais il vit toutes ces effroyables misères et tous ces vices hideux à travers son propre désespoir, et c'est ce qui fait qu'il n'a retenu de l'existence du peuple que les mauvais côtés.

Cependant Émile Zola ne perdit point courage, il écrivait de ci, de là, gagnant à peine de quoi vivre. Il arriva ainsi à l'âge de la conscription; il n'était alors ni Italien, ni Français, il choisit la France pour patrie.

Peu à peu, la situation s'éclaircit, sa prose commençait à être bien accueillie par les journaux.

En 1864 parut son premier livre : *Les Contes à Ninon;* en 1865, *la Confession de Claude;* en 1866, *le Vœu d'une Morte* et *Mes Haines;* en 1867, *les Mystères de Marseille* et *Thérèse Raquin*. Ce dernier ouvrage fit du bruit, et l'auteur avait atteint son but.

Il se posa dès lors comme le chef de l'école *naturaliste* qu'un critique qualifia de *littérature putride*.

Chaque nouvel ouvrage accentuera davantage le parti pris d'Émile Zola d'attirer l'attention quand même. Il alla si loin dans cette voie que, en 1868, *Madeleine Férat* ne put être publiée jusqu'au bout en feuilleton; pareille mésaventure arriva à *la Curée* et *l'Assommoir*.

Tout le tapage qui se faisait autour de ses romans réjouissait Émile Zola, car voici l'opinion qu'il a émise, lui-même, sur le public, en parlant de la vente des livres à Paris :

« Ici, on ne fait rien si on ne fait pas de bruit. Il faut être discuté, maltraité, soulevé par le bouillonnement des colères ennemies. Le Parisien ne comprend presque jamais spontanément un livre, par un sentiment de curiosité; il ne le comprend que quand on lui a corné aux oreilles, quand il est devenu comme un événement de chronique, dont il faut savoir dire quelque chose dans la conversation. Pourvu qu'on parle d'un livre, de quelque façon qu'on en parle, sa fortune est faite. La critique vivifie tout; il n'y a que le silence qui tue. Paris est un océan, mais un océan où le calme vous perd et où la tempête vous sauve. Comment pourrait-on secouer autrement l'indifférence de cette énorme ville, tout occupée de ses affaires et de ses plaisirs, tout attentive à amasser de l'argent et à le dépenser? Elle n'entend que les rugissements et la canonnade. Malheur à qui manque de courage! »

Le roman de *Madeleine Férat* roule sur un fait observé par l'auteur : la ressemblance étrange d'un enfant avec le premier homme aimé par la mère. Ce fait lui donna l'idée d'écrire la série de romans physiologiques qu'il intitule : Hɪsᴛoɪʀᴇ ɴᴀᴛᴜʀᴇʟʟᴇ ᴇᴛ sᴏᴄɪᴀʟᴇ ᴅ'ᴜɴᴇ ғᴀᴍɪʟʟᴇ sᴏᴜs ʟᴇ sᴇᴄoɴᴅ ᴇᴍᴘɪʀᴇ. Le premier volume de cette série parut en 1871 : *La Fortune des Rougon;* puis vinrent, en 1872, *la Curée;* en 1873, *la Conquête de Plassans;* en 1874, *le Ventre de Paris;* en 1875, *la Faute de l'abbé Mouret;* en 1876, *Son Excellence Eugène Rougon;* en 1877, *l'Assommoir;* en 1878, *Une page d'Amour;* en 1879, *Nana.* Chaque année, l'éditeur Charpentier a droit, par traité, à un nouveau volume.

*
* *

La façon de travailler d'Émile Zola est connue, il n'en fait, du reste, aucun mystère et divulgue volontiers son procédé :

Quand il commence un roman, il ne sait ni quels événements s'y dérouleront, ni quels personnages y prendront part, ni quels en seront le commencement et la fin.

S'il se met à sa table pour chercher un canevas, une intrigue, il y reste trois jours à se creuser la cervelle et n'arrive à rien, c'est pourquoi il a pris le parti de ne jamais s'occuper du sujet. Il connaît seulement son principal personnage, s'occupe exclusivement de lui, médite sur son tempérament, sur la famille où il est né, sur ses premières impressions et sur la classe où il a résolu de le faire vivre. C'est là son occupation la plus importante : étudier les gens avec qui ce personnage aura affaire, les lieux où il devra vivre, sa profession, ses habitudes, jusqu'aux plus insignifiantes occupations auxquelles il consacrera ses moments perdus. En étudiant, il vient à l'esprit de l'écrivain une série de descriptions qui peuvent trouver place dans le roman.

Par exemple, en commençant l'histoire de *Nana*, une cocotte, il ne savait pas ce qui lui arriverait; mais il savait quelles descriptions il devait mettre dans le roman. Il s'est demandé avant tout : où va une cocotte? Elle va aux théâtres, aux premières représentations. Bien! voilà le roman commencé. Le premier chapitre sera la description d'une première représentation dans un théâtre élégant. Pour cela, l'auteur va à plusieurs premières représentations, il étudie le parterre, les coulisses, la scène, il observe les plus petits détails de la vie de théâtre, il assiste à la toilette d'une actrice, il prend une foule de renseignements auprès des auteurs et acteurs qui connaissent le mieux les secrets de la mise en scène, et, de retour chez lui, il fait un croquis de la description. Une cocotte va aux courses, à un grand prix, il va étudier un grand prix. Une cocotte fréquente les grands restaurants, il se met à étudier les grands restaurants. Il continue ainsi jusqu'à ce qu'il ait étudié tous les aspects de ce monde où se meut habituellement la vie d'une femme de cette sorte. Après deux ou trois mois de cette étude, il s'est rendu maître de ce genre de vie, il connaît ce monde-là, il a en tête une quantité de types, de scènes, de fragments de dialogues, d'épisodes, d'événements qui forment comme un roman confus de mille morceaux détachés et informes. Chaque personnage a son cahier à part où tout est noté, chaque description est faite d'avance et tout cela est étiqueté avec soin.

Il reste à faire ce qui est le plus difficile pour notre auteur : rattacher toutes ses réminiscences et toutes ses impressions éparses. Alors, il s'y met flegmatiquement et au lieu d'employer l'imagination il emploie la logique. Il raisonne et parfois fait intervenir un nouveau personnage qui attendait son tour depuis longtemps... Parfois, il n'y a plus qu'une conséquence des plus simples à déduire, que deux fils à nouer; il ne peut en venir à bout, il se fatigue inutilement. Alors, il cesse d'y penser parce qu'il sait que c'est du temps perdu; il se passe deux au trois jours et un beau matin la conséquence arrive toute seule, les fils se nouent, toutes les difficultés sont tranchées, et il ne reste plus qu'à accomplir ce qu'il considère comme la partie la plus agréable de son travail; il s'y met méthodiquement, montre en main, comme un maçon. Chaque jour il écrit un peu, trois pages d'impression, pas une ligne de plus, et le matin seulement. Il écrit presque sans ratures, parce qu'il y a des mois qu'il rumine le tout, et dès qu'il a écrit, il met les feuillets de côté et ne les revoit plus qu'imprimés. Il peut calculer infailliblement le jour où il aura fini. Il a employé six mois à écrire *Une Page d'amour*, et un an à écrire *l'Assommoir*.

Cette manière de faire dénote un esprit patient et laborieux qui sait observer les moindres détails, mais elle démontre aussi un défaut d'imagination, et le manque absolu de puissance créatrice.

A force d'inscrire des notes dans ses petits cahiers, l'auteur finit par ne plus reconnaître ce qui lui appartient en propre de ce qu'il a pris chez les autres. De là, les emprunts si fréquents et si nombreux qu'on rencontre dans les livres d'Émile Zola. Tantôt c'est tout un passage des *Mémoires de Casanova*, auteur peu lu jadis en France, parce que la police le pourchassait sans merci, — une édition récemment publiée, vient de le faire connaître au public; —

une autre fois c'est, comme le démontrait naguère la *Revue des deux mondes*, une scène tout entière de *Nana* imitée de très près d'un auteur ancien.

Mais n'insistons pas trop sur ces faits : la littérature naturaliste a sans doute besoin, pour se faire accepter, de puiser à des sources plus ou moins célèbres, et de chercher un appui chez des écrivains plus ou moins connus.

On a reproché très justement à Émile Zola d'étudier dans des manuels spéciaux les métiers qu'il donne à ses personnages; c'est là qu'il trouve les mots et les termes techniques employés dans les diverses professions.

Quand il fait parler argot aux types qu'il met en scène, ce n'est pas leur véritable langage qu'il met dans leurs bouches, mais bien une *langue verte* quelconque imprimée dans des dictionnaires *ad hoc*. Ainsi, dans *l'Assommoir*, la plus grande partie des termes d'argot ont été empruntés au *Sublime* de Denis Poulot.

*
* *

Tout ce travail ne constitue pas la vie, et c'est précisément cette vie qui manque aux œuvres d'Émile Zola.

Ce défaut se fait sentir d'une façon bien plus sensible sur la scène; car Émile Zola a, comme la plupart des écrivains, essayé du théâtre, qui, à Paris surtout, donne rapidement gloire et fortune.

Il a fait représenter, en 1873, à la Renaissance, *Thérèse Raquin*, drame en 4 actes; en 1874, à Cluny, *les Héritiers Rabourdin*, comédie, et en 1878, au Palais-Royal, le *Bouton de rose*. Ces trois pièces n'ont eu aucun succès; l'auteur, qui ne pèche pas par la modestie, a défendu ses œuvres, surtout le *Bouton de rose*, avec acharnement, attribuant leur chute à des cabales montées par ses confrères qu'il a souvent fort malmenés, car il malmène tout le monde dans son feuilleton dramatique.

« Pourquoi ma pièce est-elle tombée? écrit-il un jour carrément, parce que le public attendait de l'auteur des *Rougon-Macquart* une comédie extraordinaire, de premier ordre, quelque chose de merveilleux. »

Cependant quand il s'est agi d'adapter le roman de *l'Assommoir* au théâtre, Émile Zola, instruit par l'expérience, confia à deux auteurs habiles, MM. Busnach et Gastineau, la mission de transporter sur la scène les épisodes et les personnages de son livre, et cela lui a si bien réussi à tous les points de vue, qu'il a pris la même détermination à propos de *Nana*.

Émile Zola travaille beaucoup; en dehors de ses livres il faitde la critique dramatique, des articles dans le *Figaro* (!) et trouve encore le temps d'envoyer des correspondances à plusieurs journaux de province et de l'étranger. Aussi vit-il fort retiré, l'hiver à Paris, l'été à la campagne, entouré de sa femme et de ses enfants; il ne fréquente guère que les salons de son éditeur Charpentier, avec qui il est fort lié.

Au physique, Émile Zola est fortement bâti et porte fièrement sa tête carrée; il a les cheveux et la barbe très noirs, le nez légèrement retroussé est plein de crânerie, le regard est ferme et hardi, enfin son corps d'athlète semble tout disposé à affronter la tempête qu'il aura à soutenir bientôt si, comme on nous l'affirme, l'auteur se dispose à publier un livre, intitulé le *Soldat*, où il décrira la vie militaire française *telle qu'elle est*; un autre roman qui aura pour sujet le commerce, les grands magasins comme le *Louvre* ou le *Bon Marché* et où il montrera la lutte du grand et du petit capital, et d'autres livres, qui exciteront certainement bien des colères.

*
* *

Comment se fait-il qu'un écrivain qui a su se faire une si grande place s'en aille de gaieté de cœur chercher un tréteau bien en vue pour se livrer à une orgie d'injures contre tous ses confrères petits et grands?

Il y a quelques mois, à la suite d'une brouille retentissante avec le directeur du *Voltaire*, Émile Zola entra au *Figaro*. Il est vrai qu'il eut soin de publier dans les journaux une lettre dans laquelle il affirmait qu'en entrant à la feuille réactionnaire et dévote il conservait son entière liberté. Comme si cela était possible!

Et de fait dès les premiers jours il écrivait des articles que Saint-Genest lui-même aurait pu signer.

Non content de s'adresser aux vivants, il va jusqu'à troubler dans sa tombe le cadavre de ce pauvre Murger auquel, dans un récent article, il fait jouer un rôle odieux.

Il en est arrivé à ce degré de vanité qu'il ne souffre pas que quelqu'un s'empare de l'attention publique. — Moi seul, dit-il, et c'est assez! — Il déteste Sarah Bernhardt à cause de son amour pour la réclame. Il en veut aux dominicains et autres moines qui ont trop fait parler d'eux dans ces derniers temps. Il s'en prend à la République de tout le tapage fait autour de M. Baudry d'Asson. Aussi, pour réparer le préjudice causé à sa renommée, se démène-t-il comme un beau diable dans le bénitier du *Figaro*.

Ne pouvant plus, comme Alcibiade, couper la queue de son chien, ce qui passerait aujourd'hui complètement inaperçu — beaucoup de ces animaux étant privés, par une mode ridicule, de leur appendice caudal — M. Zola jette son venin sur les noms les plus aimés et les plus célèbres : l'autre jour il attaquait Victor Hugo!

Le pauvre homme! mais il ne sait donc pas que ce procédé est connu depuis longtemps. La Fontaine a même écrit là-dessus une petite fable intitulée *le Serpent et la Lime*.

Prenez garde, monsieur Zola, vous êtes entré dans une voie où bien d'autres déjà — et des meilleurs — se sont fourvoyés par excès d'orgueil ou plutôt de vanité.

Si vous continuez ce métier-là, d'aucuns pourraient s'apercevoir de la similitude étrange qui existe entre le nom de *Zola* et celui de *Zoïle!*

Novembre 1880.

A. CABEL.

CAPIOMONT aîné, CALVET et Cⁱᵉ, éditeurs. 10, rue Gît-le-Cœur, Paris.

Sceaux. — Impr. CHARAIRE et fils

CRIME DE LA PLACE St-JACQUES

GRAND ROMAN DE MŒURS CONTEMPORAINS

Par LÉON & FRANTZ BEAUVALLET

CHEZ TOUS LES LIBRAIRES

10 CENTIMES LA LIVRAISON. — 50 CENTIMES LA SÉRIE — DEUX LIVRAISONS PAR SEMAINE.

LIBRAIRIE

CAPIOMONT aîné, CALVET & Cⁱᵉ

10, rue Gît-le-Cœur, et 17, quai Montebello

PARIS

Le CRIME DE LA PLACE SAINT-JACQUES que nous offrons à nos lecteurs est dû à la plume de deux écrivains de talent : MM. LÉON ET FRANTZ BEAUVALLET.

Ce roman absolument réaliste, nous montre une classe de la Société parisienne qui n'est guère connue et qu'on ne rencontre maintenant que dans les quartiers excentriques de la capitale.

Des créatures abjectes y pullulent, puant le vice, se vautrant dans toutes les boues du ruisseau; des exploiteurs huppés y apparaissent, nous dévoilant les turpitudes d'un certain monde aux dehors brillants, aux habitudes de débauche, tandis que de braves et bons ouvriers, aux cœurs généreux, aux visages épanouis traversent l'action de ce drame émouvant en faisant avec tous les autres le plus admirable contraste.

MM. Léon et Frantz Beauvallet ont fait leurs preuves, chacune de leurs œuvres a été un succès et celle-ci vécue et sentie aura un retentissement considérable.

EN VENTE PARTOUT

10 CENTIMES LA LIVRAISON. — 50 CENTIMES LA SÉRIE.

LE GRAND FOYER

JOURNAL ILLUSTRÉ DE LA FAMILLE

PUBLIE

Actualités — Romans — Nouvelles — Biographies — Récits de Voyages — Chronique judiciaire — Mode — Théâtres — Conseils — Jeux d'esprit — Rébus — Menus, etc., etc.

SPLENDIDES ILLUSTRATIONS

PRIX : 15 centimes le numéro

EN VENTE CHEZ TOUS LES LIBRAIRES ET MARCHANDS DE JOURNAUX

ABONNEMENTS : Paris, un an, 8 fr. — Six mois, 4 fr. — Départements, 10 fr. — Étranger, 12 francs.

ADMINISTRATION ET RÉDACTION : 17, QUAI MONTEBELLO.

BIOGRAPHIES CONTEMPORAINES

CHAMPFLEURY

 i le hasard ou la curiosité — curiosité parfaitement justifiée du reste — vous conduit à la manufacture nationale de Sèvres, vous rencontrerez sans doute, en visitant les splendides collections de céramique ancienne et moderne, un monsieur grisonnant qui jette de ci de là des regards perçants à travers son lorgnon, en clignotant de l'œil, car il est très myope. Malgré certains gestes parfois trop juvéniles, ce monsieur, décoré, a toutes les apparences d'un fonctionnaire arrivé au but de ses désirs et qui se sent chez lui.

C'est un fonctionnaire, en effet, et l'un des plus élevés de la célèbre manufacture. C'est monsieur le conservateur des collections ; c'est... monsieur Champfleury.

— Quoi ! dira le visiteur étonné, c'est là Champfleury, le joyeux bohème, l'ami et le compagnon de Henry Murger, de Pierre Dupont, de Théodore de Banville, de Courbet, etc., le bruyant et remuant chef de l'école réaliste, le membre indiscipliné de la société des gens de lettres ?

Eh bien, oui, c'est ce même Champfleury

qui, depuis 1872, est conservateur des collections, et sa nomination à ce haut emploi n'a offusqué personne ; bien au contraire tout le monde y a applaudi. Voici pourquoi…

.ꞏ.

Mais je m'aperçois que je commence par la fin, car, avant d'arriver au poste qu'il occupe si dignement aujourd'hui, Champfleury a eu une vie des plus tourmentées, pleine de luttes et parfois de misère, mais toujours honorable et qui peut servir sinon de modèle, au moins d'exemple aux jeunes gens pauvres tentés d'entreprendre le métier d'homme de lettres, — le plus dur de tous quand on n'a pas d'autres moyens d'existence.

Champfleury — de son vrai nom Jules Fleury-Husson — est né à Laon le 10 septembre 1821. Il fit au collège de sa ville natale des études fort incomplètes et passa quelques années dans les bureaux de son père, secrétaire de la mairie. Le ménage de l'employé municipal n'était pas riche : deux garçons et une fille à élever constituaient pour lui une lourde charge ; aussi la mère, pour augmenter les faibles ressources que procuraient les maigres appointements de son mari, ouvrit un magasin d'objets divers — jouets d'enfants, confiserie, etc., « quoique, en 1826, une petite ville de province située sur une montagne d'un abord difficile n'offrît pas de chances considérables de commerce. »

Le jeune Jules Fleury, « dévoré de la soif d'apprendre », lisait tout ce qui lui tombait sous la main. Ce furent d'abord des volumes dépareillés de *Gil-Blas*, divers tomes de *Molière*, les *Contes de Perrault*, les *Mille et une Nuits*, *Robinson Crusoé*, les *Voyages de Gulliver*, et quelques ouvrages de Paul de Kock, — son professeur de bonne humeur comme il l'appellera un jour. Mais ce qui développa chez l'enfant le goût pour les collections d'objets rares ou curieux, ce qui fit plus tard de Champfleury un CHERCHEUR et un TROUVEUR, c'est le *Magasin pittoresque*.

.ꞏ.

Lorsque le jeune homme sut pour ainsi dire par cœur tous les livres de la bibliothèque paternelle, il vint à Paris et entra en qualité de commis chez un grand libraire. Il croyait pouvoir lire tout à son aise. Hélas ! il apprit bientôt à ses dépens que c'est dans la librairie qu'on lit le moins. Le commerce des livres — à Paris surtout — consiste pour les commis, non à examiner les volumes, mais à les porter sur le dos ; et c'est lourd les livres !

Fort heureusement il eut pour compagnon d'infortune, dans le même magasin, Chintreuil, qui devint plus tard le peintre célèbre que l'on sait. Ils se soutinrent mutuellement, et le soir, pour se consoler de leur dur labeur, ils allaient ensemble aux Funambules voir le célèbre Debureau qui devait avoir une si grande influence sur la vie de Champfleury.

Le jeune commis libraire fit vers ce temps la connaissance de Murger, du *Christ*, du *Gothique* et autres types devenus légendaires grâce aux *Scènes de la vie de Bohême* de Murger et aux *Confessions de Sylvius* de Champfleury. Ce dernier en parle longuement dans ses *Souvenirs et Portraits de jeunesse* (1872).

Le jeune homme était plein d'admiration pour ces enthousiastes de l'art et allait prendre la résolution d'écrire des livres au lieu de les mettre en paquets, lorsqu'il fut rappelé à Laon par son père qui venait de se faire imprimeur.

Mais le jeune Fleury avait goûté de la vie de Paris, il y avait laissé des amis dévoués et pleins de courage et de foi dans leur œuvre. Il ne put s'habituer à cette vie mesquine et cancanière d'une petite ville de province et revint bientôt à Paris où il alla habiter avec son ami Henry Murger.

Il apportait pour tout bagage le nom qu'il avait reçu de son père ; cela lui parut un trop mince héritage, il y ajouta, de son autorité privée, un champ et prit dès lors le joli nom de Champfleury. Ce nom, il le porta crânement, le rendit célèbre et ne souffrit jamais qu'on l'attaquât. Un jour Armand de Pontmartin, le critique aussi lourd que noble, s'avisa de le défigurer méchamment en écrivant Chou fleuri.

« Un Chou fleuri vaut mieux qu'un Pot Martin, riposta aussitôt le jeune écrivain. »

Dans une lettre charmante qu'il écrivit plus tard à son ami Murger, Champfleury donne de curieux détails sur leur vie commune et la manière dont ils administraient leur budget de soixante-dix francs par mois. Naturellement il y avait déficit. M. Crédit et le Mont-de-piété — mont sans piété, comme il le nomme — étaient chargés de rétablir un semblant d'équilibre.

Je regrette fort que l'étendue de cette lettre ne me permette pas de la donner ici ; c'est un morceau exquis que ce souvenir des « beaux temps où, de leur petit balcon, ils voyaient tout le jardin du Luxembourg un arbre, et encore il fallait se percher ! »

Je recommande cette page à mes lecteurs en les renvoyant aux *Contes d'automne* où elle est reproduite en entier.

Ils trouveront également une foule de détails autobiographiques, dans les principaux romans de l'écrivain : les *Confessions de Sylvius*, et les aventures de *Mademoiselle Mariette*, entre autres.

.ꞏ.

Cette vie insouciante ne pouvait toujours durer, il fallut se séparer et tâcher de se créer des ressources, chacun de son côté.

Champfleury fut introduit par ses amis, dont quelques-uns commençaient déjà à se faire un nom, à la rédaction du *Corsaire* et de l'*Artiste* ; il publia dans ces deux journaux une grande quantité de nouvelles, d'esquisses et de fantaisies qui parurent presque toutes en volumes, sous les titres de *Contes de printemps, Contes d'été, Contes d'automne et Contes d'hiver*.

Il n'y avait dans ces premiers écrits aucune tendance de réforme littéraire. Cependant *Chien-Caillou*, qui parut en 1847, accentuait la note réaliste. Victor Hugo admira cette navrante histoire d'un pauvre artiste devenu aveugle et proclama l'auteur grand poète, lui qui a toujours été si hostile à la poésie, mais plus en parole cependant qu'en réalité, ainsi que nous le verrons bientôt.

C'est à cette époque qu'il se lia avec le peintre Courbet dont les débuts avaient excité tant de colères chez les représentants endurcis de la vieille méthode classique.

Peintre et écrivain s'étaient entendus pour combattre les anciens systèmes.

.ꞏ.

Comme dans toutes les coteries, il y eut dans le réalisme, surtout aux débuts, un parti pris d'exagération, qui lui attira un grand nombre d'ennemis. Mais bientôt la nouvelle école parvint à trouver sa voie, et ses plus acharnés détracteurs furent forcés de reconnaître que Courbet ne manquait pas de talent et que Champfleury n'était pas précisément un imbécile !

Qu'était-ce donc que le réalisme ?

« La conscience artistique », répondaient ses adeptes.

C'était, en somme, une réaction rendue nécessaire par les exagérations sentimentales et lyriques mises à la mode par les Chateaubriand, les Lamartine, les Ary Scheffer, etc.

La nouvelle école prenait ses modèles dans la nature au lieu d'aller les chercher dans un idéal souvent ridicule. On se souvient des luttes qu'eurent à soutenir les réalistes. Mais s'ils eurent des adversaires acharnés, ils trouvèrent aussi de fervents défenseurs.

.ꞏ.

A l'exemple de plusieurs grands écrivains, Champfleury s'était pris d'un bel enthousiasme pour les Funambules ; il donna à cette petite scène plusieurs pantomimes qui furent interprétées par Paul Legrand et attirèrent la foule ; on en trouvera les titres plus loin. Notre jeune auteur, tout fier de ses succès, prit la direction du petit théâtre et la conserva quelque temps. Il a relaté toute cette époque dans un livre curieux : les *Souvenirs des Funambules*.

.ꞏ.

En 1848, Champfleury collabora à l'*Évènement* ; en 1849, il publia, dans la *Voix du peuple* de Proudhon, un roman rustique : les *Oies de Noël*. Dès lors il marcha à coup sûr dans la voie littéraire qu'il s'était tracée. Vingt volumes parurent rapidement et furent tous si favorablement accueillis du public qu'un éditeur-artiste, Poulet-Malassis, n'hésita pas à confier aux meilleurs aquafortistes le soin d'illustrer les œuvres complètes de Champfleury. Malheureusement

Cette édition ne fut pas achevée, et les quelques volumes qui furent publiés sont aujourd'hui fort recherchés des amateurs.

**

C'était une bien curieuse personnalité que Poulet-Malassis. Descendant d'une vieille famille d'imprimeurs normands, il était entré à l'École des chartes, qu'il fut obligé de quitter avant la fin de ses études pour aller habiter les pontons que le général Cavaignac offrait si libéralement à ceux qui avaient pris part à l'échauffourée de juin 1849.

Rendu à la liberté à la fin de cette même année, il revint à Alençon, sa ville natale, réorganisa la vieille imprimerie paternelle et se mit à éditer les jeunes qu'il prévoyait devenir des maîtres. Il sut découvrir Banville, Baudelaire, Babou, Cladel et tant d'autres. Il imprima avec un goût exquis les œuvres de ces inconnus et ressuscita la mode des illustrations à l'eau-forte, depuis longtemps abandonnées. Il lança les Braquemont, les Léopold Flameng et beaucoup d'autres devenus célèbres depuis.

Malassis engloutit dans ces éditions le plus clair de son patrimoine qui était considérable, et, cependant, si ses intérêts furent gravement compromis, son entreprise était intelligente et devait devenir une excellente spéculation ; car ces mêmes volumes, vendus à vil prix à la suite de la déconfiture Mirès qui entraîna celle de l'éditeur, ces mêmes volumes, dis-je, ont quintuplé de valeur quand on peut en trouver.

Champfleury, enthousiasmé de voir ses œuvres si bien éditées et si splendidement illustrées devint l'ami de son éditeur, et cette amitié persista, malgré tout, jusqu'à mort de Malassis. Plusieurs fois, l'écrivain fit de longs voyages pour aller visiter à l'étranger celui qui lui avait donné de si bons conseils et qui avait tant fait pour sa renommée littéraire. Cette durable amitié fait également l'éloge de l'un et de l'autre.

Malassis, avec son goût et son flair habituels, s'était mis à ramasser de ci de là ces beaux échantillons de la faïencerie de Rouen alors complètement délaissés et qu'on paye si cher aujourd'hui.

Champfleury prit goût à cette recherche et l'étendit à toute la faïence ancienne ou curieuse. C'est ainsi qu'il parvint à réunir cette collection unique de faïences révolutionnaires ou faïences patriotiques de la République que nous avons eu l'occasion d'examiner à loisir dans son domicile de la rue de Bruxelles.

**

On se souvient du scandale occasionné vers la fin de 1864 par le bureau de la Société des gens de lettres et surtout par la conduite de son président, Paul Féval, qui n'eut pas honte d'aller solliciter la protection d'Eugénie pour ouvrir une loterie en faveur de la Société. Bientôt une autre bassesse fut commise ; la Société avait publié un volume de morceaux choisis de prosateurs français

intitulé le Livre d'or. Féval, à l'insu des membres, alla déposer aux pieds de l'Espagnole ce monument littéraire en la priant d'en accepter la dédicace pour son fils.

C'en était trop !

Champfleury récolta les signatures des mécontents, parmi lesquels se trouvaient nos confrères Tony Révillon, Maurice Champion, Ernest Alby, Jules Rouquette, Oscar Commettant, Théodore Labourieu, Jules Claretie, etc., etc. Une assemblée générale fut convoquée dans les salons de Lemardelay, et, à la suite d'une séance des plus tumultueuses, où parmi les plus exaltés, se fit remarquer l'auteur de Chien-Caillou, le bureau fut renversé et remplacé par celui qui est encore aujourd'hui à la tête de la société des gens de lettres.

Ce n'est certes pas encore l'idéal rêvé par les esprits libéraux, mais enfin personne ne contestera qu'il y ait eu progrès, grâce aux courageux dissidents.

Champfleury accepta cependant en 1867 la croix que son ami Courbet devait refuser trois ans plus tard avec l'éclat qu'on sait.

**

A la suite de la cession de sa curieuse collection à l'État, Champfleury fut nommé, en 1872, conservateur du musée céramique de la manufacture nationale de Sèvres. Sa nomination fut, comme je le disais en commençant, favorablement accueillie de tout le monde ; car il fallait un connaisseur érudit pour occuper cette place, et — une fois n'est pas coutume — ce ne fut pas « un danseur qui l'obtint. »

Le nouveau conservateur trouva les collections dans le plus pitoyable état, c'était un gâchis où il était impossible de se reconnaître.

Champfleury se mit aussitôt à l'œuvre, par lui tout fut étiqueté, catalogué. Enfin, de son long labeur sortit ce MUSÉE CÉRAMIQUE, véritable histoire de la porcelaine, qui fait l'admiration de tous les visiteurs.

Mais hélas ! peut-on être heureux complètement ? Un affreux malheur vint accabler Champfleury au milieu de ses occupations favorites ; frappé deux fois dans ses plus chères affections, l'écrivain se plongea plus ardemment que jamais dans ses chères études, qui, seules, purent apporter quelque soulagement à sa douleur.

C'est alors que Champfleury commença cette série d'ouvrages qui exigent plus de travail que d'imagination.

Depuis longtemps déjà l'écrivain désirait abandonner le roman, ainsi que le prouve la note suivante :

Une parente qui prétend me vouloir du bien, et qui trouve que je ne m'enrichis pas, me dit :

— No pourriez-vous pas écrire un roman de plus par an ?

— Madame, je fais tous mes efforts pour en écrire un de moins chaque année.

Voici une admirable page qui montre que

Champfleury n'est pas si ennemi de la poésie qu'on a bien voulu le dire :

La même personne s'étonne de mes voyages et *calcule* ce qu'a pu me coûter un voyage en Hollande.

— Mille francs, madame.

Cri d'effroi de cette personne économe.

— Vous avez dû rapporter de bien belles choses ?

— Voici, madame, ce que j'ai rapporté d'Amsterdam : la certitude que la poésie est au-dessus de la réalité.

Inquiétude de la personne qui me veut tant de bien.

— Je vais essayer de me faire comprendre, madame. Deux tableaux se font face au musée d'Amsterdam, tous deux de dimension presque égale, tous deux représentant des sujets analogues, tous deux célèbres. L'un est un *Banquet de notables de la ville* par Van der Helst, l'autre représente une *Ronde de nuit* par Rembrandt. Si vous regardez d'abord le *Banquet* de Van der Helst, vous vous écrierez que la peinture n'a produit rien de plus parfait ni de plus réel : chacune des têtes est un chef-d'œuvre de vérité. Vous connaissez ces gens-là comme vos aïeux, et vous jureriez avoir vécu avec eux. J'écris sur mon carnet : Van der Helst, grand peintre ; et je peux à peine quitter le tableau, tant il y a à regarder. Cependant il est temps de donner un coup d'œil à cette *Ronde de nuit* si vantée, qu'elle doit être au-dessous des éloges consacrés. C'est alors que les yeux se noient en pleine fantasmagorie. Toutes les juiveries de l'Europe apparaissent avec leurs guenilles et leurs broderies d'or. Cinquante personnages se coudoient au milieu de ces ombres fantastiques, ils ne forment qu'un groupe. Immobile et rêveur, vous êtes entraîné par la *Ronde nocturne*, comme par les Willis des bords du Rhin ; votre esprit, Rembrandt s'en empare ; votre attention, il la commande. Le musée disparaît, une émotion singulière s'empare de vous. Il n'y a plus ni peinture, ni tableau, ni cadre. Vous êtes mêlé à une scène nocturne où les torches enflammées font passer des tons dorés sur chacune des figures de cette patrouille singulière. Vous suivez ces gens dans les ruelles de la Venise du Nord, où de chaque fenêtre sortent des têtes de vieux Juifs, s'imaginant qu'on en veut à leurs trésors. Ah ! madame, quelle merveille, qu'on a de peine à s'en détacher, et comme, en quittant le musée, on s'aperçoit que Van der Helst est froid, pauvre et mesquin en face de Rembrandt ! Voilà ce que j'ai rapporté de la Hollande : la certitude de la suprématie de la poésie sur la réalité.

Cette leçon m'a coûté mille francs, et véritablement elle n'est pas chère.

Champfleury parfois ne dédaigne pas la plaisanterie, à preuve cette petite farce insérée par lui dans un journal d'autrefois :

Titres de romans de 1859 à 1861 : *Elle et Lui.* — *Lui et Elle.* — *Elle.* — *Lui.* — *Eux.* — *Lui et Elles.* — *Eux et Elles.* — *Elle et Eux.* On pourrait ajouter à cette nomenclature : ELLES TENDRES. — EUX DURS. La série serait complète.

**

Voici la bibliographie aussi complète que possible des œuvres de Champfleury, outre celles dont nous avons déjà parlé :

Les Excentriques (1852). — *Les Aventures de Mademoiselle Mariette* (1853). — *Les Contes vieux et nouveaux* (1854). — *Les Bourgeois de Molinchart* (1854), tableau fort exact des mœurs de province qui établit définitivement la réputation de l'auteur et en fit le chef de l'école réaliste. — *Les Souffrances du professeur Delteil*

(1855). — *La Sensation de Josquin* (1855). — *Monsieur de Boisdhyver* (1856). — *Les Amis de la nature* (1858). — *Souvenirs des Funambules* (1859). *La Succession le Camus* (1860). — *De la littérature populaire en France, recherches sur la légende du bonhomme Misère* (1861). — *Grandes figures d'hier et d'aujourd'hui (Balzac, Wagner, Courbet)* (1861) — *Les Peintres de la réalité sous Louis XIII* (1862). — *Les Demoiselles Tourangeau, journal d'un étudiant* (1864). — *Histoire des faïences patriotiques sous la Révolution* (1866). — *Ma tante Péronne* (1866). — *La Comédie académique* (1867). — *L'Hôtel des commissaires-priseurs* (1867). — *Les Chats* (1869). Cet ouvrage obtint la grande médaille décernée par la société protectrice des animaux. — *Histoire de l'imagerie populaire* (1869). — *L'Avocat trouble-ménage* (1870). — *Les Enfants* (1872). Le ministre de l'instruction publique a envoyé une importante souscription pour les écoles. — *Madame Eugénio*, recueil des nouvelles (1874). *La Pasquette* (1876). Grande médaille décernée par la société d'encouragement au bien. Le *Secret de M. Ladureau. — La Petite Rose. — Surtout, n'oublie pas ton parapluie!* Ces trois derniers ouvrages appartiennent à la série des *Contes de bonne humeur.*

L'Histoire de la Caricature, commencée en 1865 et terminée récemment. Elle comprend : 1° la *Caricature antique* ; 2° la *Caricature au moyen âge et sous la Renaissance* ; 3° la *Caricature sous la Réforme, la Ligue*, etc ; 4°. la *Caricature sous la République, l'Empire et la Restauration* ; 5° la *Caricature moderne* représentée par trois types principaux : Mayeux, Robert-Macaire et Monsieur Prudhomme.

La Vie et l'Œuvre de Henri Monnier.

THÉÂTRE : *Pierrot, valet de la mort ; — Pierrot pendu ; — Pierrot marquis ; — la Reine des carottes ; — la Pantomime de l'avocat* et plusieurs autres pantomimes et ballets.

En ce moment l'éditeur Quantin termine l'impression de *la Bibliographie céramique*, nomenclature analytique de toutes les publications faites en Europe et en Orient sur les arts ou industries céramiques depuis le XVI° siècle jusqu'à nos jours. 1 fort vol. in-8° en préparation depuis l'entrée de l'auteur à la manufacture de Sèvres.

Enfin paraissent dans les Revues *l'Art* et *le Livre* les principaux chapitres d'un ouvrage d'érudition gaie : *les Vignettes romantiques*, avec des *fac-simile* des principales gravures sur bois et à l'eau-forte depuis 1826 à 1840.

L'œuvre déjà si considérable de Champfleury est loin d'être terminé, nous l'espérons bien, car l'écrivain est dans toute la plénitude de son talent. Il travaille lentement, consciencieusement, mais il travaille sans cesse.

Je ne connais aucune existence aussi entièrement et aussi absolument consacrée à l'art et à la littérature que celle de Champfleury.

Janvier 1881.

A. CAREL.

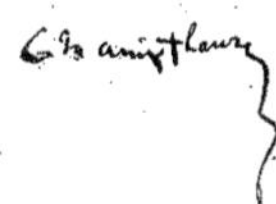

BIOGRAPHIES CONTEMPORAINES

AURÉLIEN SCHOLL

URÉLIEN Scholl passe,, à juste titre, pour le type le plus accompli de l'écrivain batailleur et spirituel, qu'on appelait autrefois le petit journaliste.

Ce genre de littérature si essentiellement français — ou plutôt parisien — exige pour ne pas dépasser les bornes, tout en donnant la note vraie, cent fois plus de talent, de bon sens et d'esprit qu'il n'en faut à M. John Lemoine, par exemple, pour écrire dans le *Journal des Débats* ces articles devant lesquels s'extasient une foule de badauds littéraires qui n'en ont jamais lu une ligne.

Mais la mode le veut ainsi; il est de bon genre d'admirer le style de ceux dont la politique est en complète contradiction avec vos idées. C'est tantôt à l'un, tantôt à l'autre adversaire qu'on décerne le renom de grand écrivain. Il y a quelques années, presque tous les journalistes libéraux disaient de Veuillot.

— Canaille, mais bel écrivain !

Et quand on se mit à lire les articles dudit Veuillot, on s'aperçut vite qu'un seul des deux termes était vrai, et ce n'est pas le second.

Le journaliste dit sérieux parce qu'il est prétentieux et lourd, soit qu'il écrive à la *République française*, au *Journal des Débats*, déjà nommé, au *National* ou à la *Patrie*, voit tomber sur lui toutes les faveurs gouvernementales ; pour lui toutes les grasses sinécures ou les fonctions largement rétribuées. On en fait un ambassadeur ou un préfet, un gouverneur de quelque grand établissement financier ou... un directeur de l'assistance publique.

Quant au journaliste militant, défenseur acharné de la liberté et de la justice, à lui les mois de prison, les fortes amendes et les coups d'épée, surtout s'il emploie la forme ironique et si populaire du Pamphlet ou de la Nouvelle à la main. Car en France, quel que soit le régime qui nous gouverne, la liberté de la presse a toujours été un leurre. Voyez plutôt la fameuse loi que la Chambre vient de discuter !

Scholl n'a pas été plus qu'un autre à l'abri des inconvénients que je viens de signaler ; néanmoins, en 1878, il est parvenu à décrocher la timbale, non, je veux dire la croix de la Légion d'honneur ; c'est toujours ça !

Antoine-Aurélien Scholl est né à Bordeaux le 14 juillet 1833. Fils de notaire, il reçut une brillante éducation et devint un des bons élèves du lycée de sa ville natale ; son père, tout heureux de ses succès universitaires, se figurait déjà le voir assis dans le fauteuil de cuir, derrière le bureau professionnel. Quel lustre nouveau allait recevoir la vieille étude ! Hélas ! le rêve paternel ne devait jamais se réaliser ; car, même avant qu'il eût terminé ses études, le démon du journalisme s'était emparé du jeune lycéen, et ne devait plus le lâcher. A peine âgé de dix-sept ans, Scholl envoyait des articles satiriques à un journal très agressif, le *Corsaire*, et — chose surprenante — sa prose fut imprimée du premier coup. Ce succès inespéré grisa notre jeune Bordelais, qui partit immédiatement pour Paris et se lança à corps perdu dans le journalisme de combat ; il fut reçu à bras ouverts au *Corsaire*, où ses spirituelles boutades étaient d'autant mieux accueillies qu'on ne les lui payait pas ; car Aurélien Scholl ne connut pas la gêne qui paralyse tant de jeunes écrivains à leurs débuts, il pouvait vivre convenablement avec la pension que lui envoyait son père.

Le *Corsaire* fut tué par le Deux-Décembre, et Scholl retourna quelque temps à Bordeaux. Il fut bientôt rappelé à Paris pour une affaire d'honneur. Le journaliste Louis Goudall avait fait passer dans un journal une allusion blessante où il mettait en doute le courage d'Aurélien Scholl ; celui-ci accourut pour lui demander raison ; une rencontre eut lieu, mais n'eut aucun résultat : Scholl ayant chargé vigoureusement son adversaire, son épée se brisa et le combat finit, non faute de combattants, mais bien faute d'instruments de combat. Les témoins déclarèrent l'honneur satisfait.

Scholl continua à envoyer des nouvelles aux journaux littéraires et des nouvelles à la main que toutes les petites feuilles s'empressaient d'insérer.

Ce fut vers 1854 qu'il rencontra ce millionnaire fantaisiste, le comte de Villedeuil, avide de renommée et qui croyait arriver à la célébrité en fondant des journaux. Sa première tentative fut une revue hebdomadaire, l'*Eclair*, qui justifia son nom en disparaissant au plus vite. Puis vint un grand journal littéraire intitulé *Paris-lundi*, *Paris-mardi*, il y en avait comme ça pour tous les jours de la semaine, y compris le dimanche. Ce fut à ce journal que la copie de notre journaliste fut payée pour la première fois.

Le comte de Villedeuil, après avoir enfoui des sommes énormes dans ce journal, renonça à devenir célèbre et jugea inutile de pousser plus loin l'expérience.

Mais dès lors Scholl résolut de vivre de sa plume. Il devint un des rédacteurs de l'*Illustration*, du *Mousquetaire*, dirigé par Alexandre Dumas, et de plusieurs autres journaux ou revues.

Lorsque Villemessant fonda le *Figaro* hebdomadaire, où tous les vaillants de la plume ont passé, il s'assura la collaboration d'Aurélien Scholl qui commençait à devenir célèbre.

On se souvient de cette brillante campagne qui dura quatre ans, où, dans ses satires intitulées *les Coulisses*, il fustigea de main de maître les ridicules et les vices de cette société pourrie du second empire.

Ses articles à l'emporte-pièce établirent sa réputation, mais lui valurent pas mal de poursuites judiciaires et quelques duels. Il s'habitua dès lors à marcher droit devant lui, à ne reculer devant aucune franchise d'idée ou de style, et cela lui a réussi.

Scholl était alors considéré comme un Crésus par ses jeunes confrères, qui se réunissaient au divan Lepelletier et dont plusieurs sont arrivés depuis.

Songez donc ! il avait au *Figaro* cinq cents francs par mois, c'est-à-dire cent vingt-cinq francs par semaine, pour donner à ce journal le meilleur de son esprit, risquer quelques mois de prison et recevoir de temps à autre un coup d'épée.

Entre temps, Scholl ressuscita le *Satan* et fonda la *Silhouette* avec Jules Noriac.

Puis il quitta définitivement le *Figaro* pour créer le *Nain jaune*, où il écrivit de nombreux et brillants articles sous le pseudonyme de Pierre Lousteau.

Il fonda depuis le *Club*, le *Jockey* et le *Lorgnon*, revue satirique hebdomadaire dans le format de la *Lanterne* de Henri Rochefort. Les premiers numéros lui attirèrent des poursuites en diffamation, sur la plainte du comte de Bisson, son beau-frère.

Villemessant ne pouvait se consoler du départ de ce rédacteur qui avait fait en partie le succès de son journal.

— Laissez-le faire, disait-il, il nous reviendra sans *Jockey* ni *Lorgnon* !

En croyant faire un bon mot, le propriétaire du *Figaro* disait une bêtise, car, Scholl sans jockey, passe encore, mais sans lorgnon !

En mai 1866, Scholl épousa miss Irène Perkins, fille d'un des propriétaires de la grande brasserie Barklay, Perkins et Cᵃ, de Londres.

Ce mariage fit grand bruit, les journaux furent remplis d'anecdotes sur les époux et sur l'établissement londonnien de M. Perkins.

En voici une qu'un anonyme publia dans *Paris caprice* :

A Londres on raconte une amusante histoire sur cette brasserie. Comme bien on pense, la bière s'y fabrique par quantités énormes et se conserve dans des cuves immenses, qui contiennent des océans de bière, et dont chacune suffit à la vente d'un mois. Or, il paraît qu'en janvier 1822, une cuve fut vidée en moins de quinze jours, tant les demandes furent réitérées. On ne parlait dans la Cité que de l'excellence exceptionnelle de cette bière qui avait, disait-on, un bouquet tout particulier. — A la brasserie, on ne trouva le mot de l'énigme qu'après épuisement complet de la cuve, en apercevant au fond le corps d'un nègre, poussé par des chagrins d'amour à se jeter à la bière, comme certains de nos compatriotes se jettent à l'eau. — Chez lui l'amoureux était doublé d'un ivrogne !

On trouve encore dans le *Strand* de fins gosiers qui parlent de la bière du nègre avec des airs penchés. Des Bordelais causant du vin de la Comète ne sont pas plus mélancoliques.

Cette union, qui promettait d'être heureuse et féconde, ne fut ni l'un ni l'autre, et donna lieu dès l'année suivante à de longs et bruyants procès que la notoriété du journaliste rendit plus retentissants encore. Je n'ai pas à insister là dessus ; mais il se pourrait bien que Scholl eût conservé au cœur une blessure qu'il cherche, à force d'activité, de travail et de bruit, à se dissimuler à lui-même.

On trouverait difficilement, en effet, une vie plus mouvementée, plus agitée que la sienne. Elle ressemble par plus d'un côté à celle d'un membre de sa famille, le fameux Chabot, ce capucin sceptique, railleur, spirituel et courageux, qui joua un si grand rôle pendant la Révolution.

Comme je l'ai déjà dit, Scholl a eu quantité de duels. Car, malgré sa myopie, qui constitue pour lui un grand désavantage, il ne ménage pas plus sa peau, quand il s'agit de défendre ses opinions, que sa bourse lorsqu'il s'agit de rendre service à un ami. Quelques-uns de ces duels eurent un grand retentissement. J'ai raconté le premier, et j'emprunte à un de ses biographes le récit de celui qu'il eut jadis avec Francisque Sarcey :

Les deux adversaires et les quatre témoins étaient partis de Mons, cherchant dans les environs un terrain propice pour se battre. N'en trouvant pas on s'arrête, en désespoir de cause, dans un champ de betteraves; Scholl et Sarcey se mettent en garde. On ferraillait depuis quelques instants à peine, et déjà Sarcey, gros et pesant, suait et soufflait; il parait tant bien que mal en essayant quelques petits coups d'épée, mais il se défendait à grand'peine, le pauvre homme! Il réclame d'une voix entrecoupée un instant de repos. On baisse les épées, puis bientôt on se remet en garde. Sarcey recommençait à suer, à souffler et à haleter, quand, soudain, on aperçoit, assez loin dans les blés, poindre les bonnets à poil des gendarmes belges. Tout le monde monte en voiture à la hâte, et l'on regagne la frontière.

Cependant Scholl dit à Sarcey qu'ils ne peuvent rentrer à Paris de la sorte, et qu'il est de bon ton que l'un d'eux soit blessé. Ils prennent le train de Bade et vont croiser le fer sous les fenêtres du palais. Sarcey reçut une légère égratignure à la main, et, le soir, adversaires et témoins dînaient ensemble au grand hôtel de Russie. Scholl s'avise de demander au garçon s'il y a beaucoup de duels dans le pays.

— Non, monsieur, répond celui-ci, les duels sont punis ici de la peine de mort.

Inutile de dire que tout le monde s'empressa d'aller prendre sans bruit le train pour Paris. Sarcey en tremble encore — lorsqu'il y pense.

Tous les duels de Scholl n'eurent pas une issue aussi amusante, car il reçut plusieurs blessures dont quelques-unes assez graves; mais enfin il ne s'en porte pas plus mal aujourd'hui.

Le premier livre d'Aurélien Scholl, intitulé *Lettres à mon domestique*, parut en 1854; naturellement il ne se vendit pas, la plus grande partie de l'édition vint échouer sur les quais, où j'eus alors l'heureuse inspiration d'en acheter deux ou trois exemplaires. Je l'ai relu souvent ce petit livre. Quelle fraîcheur, quelle originalité, quelle saveur toute particulière dans ces pages de la première jeunesse !

Puis vinrent *les Esprits malades* (1855). Le nom de l'auteur commençait à être connu, et le livre obtint un certain succès.

En 1857 parut une histoire bourgeoise, en vers, *Denise*. Ce tout petit poème, contenu dans quelques pages in-32, fut cependant poursuivi par la justice de l'Empire. Vous savez que cet honnête gouvernement donnait au monde entier l'exemple de toutes les vertus, il ne faisait pas bon alors plaisanter avec la morale! (Oh! doubles cafards et triples gueux!!) Les poursuites attirèrent l'attention sur *Denise*, qui n'avait pas besoin de cela, car dans ces quelques vers Scholl a prouvé qu'il y a en lui l'étoffe d'un vrai poète. Malheureusement le labeur incessant du journalisme a étouffé ces précieuses qualités poétiques.

Denise eut un grand nombre d'éditions tant en France qu'à l'étranger.

Poulet-Malassis édita en 1858, dans un format nouveau, *la Foire aux artistes*, petites comédies parisiennes.

Dès lors les volumes se succédèrent rapidement : *Claude le Borgne* (1859). — *Les Mauvais Instincts*, histoire d'un premier amour (réédité en 1863 sous le titre de *Hélène Hermann*). — *Les Amours de théâtre* (1862). — *Aventures romanesques* (1862). — *Scènes et Mensonges parisiens* (1863). — *Les Gens tarés* (1864). — *Les Cris de paon* (1866). — *L'Outrage* (1866). — *Les Nouveaux Mystères de Paris*, 3 vol. (1867). — *Les Petits Secrets de la Comédie* (1867). — *Dictionnaire féodal* (1869). — *La Danse des palmiers* (1873). — *Les Amours de cinq minutes* (1875). — *Le Procès de Jésus-Christ* (1877). — *Les Scandales du jour* (1878). — L'année dernière, il signait la préface d'un livre intitulé *le Dossier de la magistrature;* il aurait pu aussi bien signer le livre tout entier. Son dernier volume, intitulé *Fleurs d'adultère*, a fait grand tapage. Il les cultive avec amour, ces fleurs d'adultère et a su, à force de travail et d'esprit, en réunir une variété qui fait l'admiration des amateurs.

Voici un extrait de *Denise*. Ce petit livre étant assez difficile à se procurer; on pourra se rendre compte ici des qualités poétiques d'Aurélien Scholl :

Quand son mari devint l'amant d'une autre femme,
Oublieux ou lassé de son premier bonheur,
Cet enfant de seize ans qu'on appelait « Madame, »
Étouffa ses sanglots sous un masque menteur.

« Il faut d'un front riant soutenir cette épreuve,
Dit-elle, et que, rendant justice à ma fierté,
Si d'un époux vivant je suis déjà la veuve,
On sache que l'ingrat ne fut pas regretté.

« Ce qu'il a dédaigné, je veux qu'on le désire.
D'autres sauront venger mon amour méconnu.
Il suffit d'un regard, d'un mot ou d'un sourire
Pour trouver un ami dans le premier venu.

C'est alors qu'on la vit, si folle et si coquette,
Briller dans sa jeunesse et dans son abandon,
Sans penser que Denise, en sa douleur secrète,
Gardait ce souvenir au cœur — comme un charbon...

Quand je la rencontrai, j'avais vingt ans à peine;
Je connaissais l'amour par Stendhal et Musset,
Et pour moi, certains soirs, plus d'une Célimène
Avait, en souriant, dégrafé son corset.

J'avais pris, d'autre part, un logement en ville
Qui fut bientôt garni d'objets d'un heureux choix.
On y voyait un ours, et les os d'un fossile
Antédiluvien, un parasol chinois,

Des armes moyen-âge, un arc, un casse-tête,
Deux monstres indiens venus de Bassora,
Un hamac indolent, un groupe déshonnête,
Des magots du Japon, un casque — et cætera.

En jouant au milieu de ce fatras, Denise
Dont la pudeur était lente à s'effaroucher,
Quand elle avait en l'air fait sauter sa chemise,
Sur une peau de tigre aimait à se coucher.

Soutenant de sa main sa tête paresseuse,
Elle prenait des airs penchés et négligents,
Et me disait : « Monsieur, je suis vraiment honteuse...
Vous êtes bien osé de surprendre les gens. »

Et c'étaient des baisers, du refus, des menaces
Dont le cœur le plus froid se serait allumé.
Par bonheur pour la fin de toutes ces grimaces,
Notre porte était close et le volet fermé.

Elle faisait d'ailleurs la part de la sagesse,
Et son zèle fervent ne fut pas attiédi.
Le dimanche matin elle allait à la messe,
Et n'aurait pas mangé de viande un vendredi.

Il est bon de garder une juste mesure,
De payer à chacun tour à tour son tribut,
Satisfaire à la fois le Ciel et la Nature,
Assouvir son amour et faire son salut !

Ah! si l'on pénétrait au fond de vos alcôves,
Bégueules qui trouvez mes vers audacieux,
Avec vos amants blonds, avec vos maris chauves,
Je voudrais bien savoir si vous baissez les yeux.

Complices du serpent et mangeuses de pommes,
Si fière d'exciter notre plus vile ardeur,
Amas de boue autour d'une côte de l'homme,
Parlez-nous de jupons, mais jamais de pudeur !

C'est qu'après tout Denise est une femme honnête
A qui l'on n'a connu qu'un amant à la fois.
Sa faute seulement fut d'aimer un poète,
Qui s'en alla chanter ses amours sur les toits.

Scholl a donné aussi quelques pièces au théâtre : *Jaloux du passé*, comédie en un acte Odéon (1864). — *Singuliers effets de la foudre*, avec Th. de Langeac (Théâtre Déjazet, 1863). — *La Question d'amour* avec Paul Bocage (Gymnase, 1864). — *Les Chaînes de fleurs*, comédie en un acte (Variétés 1866). — *L'Hôtel des illusions* (1869). — *Le Repentir*, comédie en un acte (1876). — *On demande une femme honnête*, avec M. Koning (1877). — *Le Nid des autres*, comédie en un acte, avec M. A. d'Artois (Odéon, 1878).

Cette dernière pièce obtint un immense succès, non seulement au théâtre, mais encore dans la presse. Les critiques furent unanimes à louer cette « œuvre de lettré, s'il en fut, écrite d'une plume alerte, violemment parisienne d'ailleurs, bien moderne surtout. »

M. Paul de Saint-Victor, l'éminent écrivain lui a consacré un long et bel article dont nous détachons les lignes suivantes :

Les mots sifflent et dardent pendant toute la pièce; ces mots cinglants, aigus, pittoresques, que M. Aurélien Scholl aiguise d'une main d'artiste en raillerie parisienne, et qu'il marque d'un chiffre à lui. La « Parisine », comme disait Nestor Roqueplan, coule à pleins bords dans le *Nid des autres*.

Actuellement, Scholl est un des principaux rédacteurs de l'*Evénement* où ses articles sont toujours fort remarqués.

Il a été pendant quelque temps rédacteur en

chef du *Voltaire*, lors de la fondation de ce journal, mais sans pour cela quitter l'*Événement* auquel il est lié par un traité.

**

Aurélien Scholl a toujours professé des opinions fort libérales, et son grand talent d'écrivain il le met au service de la République.

Il traite les questions sociales avec la verve du satiriste et vise toujours juste.

Il poursuit sans relâche et sans crainte l'injustice et le mensonge partout où il les rencontre ; attaquant aussi bien le magistrat sur son siège que la cléricaille dans ses repaires.

Il a horreur de la brutalité même envers les animaux ; il s'adressa récemment à qui de droit pour dénoncer ces brutes qui laissent, pendant des jours entiers, souffrir de malheureux chevaux qui se sont brisé un membre sur la voie publique, tandis qu'il serait si facile d'abréger leurs souffrances. Scholl est véritablement *humain* dans la plus noble acception du mot.

On se souvient de la scène ignoble qui eut lieu il y a quelques mois au restaurant Bignon, où Scholl va déjeuner habituellement. Le courageux journaliste était brutalement assailli à coups de poing et à coups de bouteille par le comte Albert de Dion Wandonne de Malfiance (malpeste ! que de noms pour un homme seul).

Le véritable motif de cette attaque sauvage était un article publié par le chroniqueur de l'*Événement*. C'était une parodie d'un article inséré dans le *Gaulois*, et qui avait offusqué le noble membre du Jockey-Club.

Cette parodie est très amusante et très spirituelle, nos lecteurs la trouveront tout entière dans le volume : *les Fleurs d'adultère*.

Le comte de Dion passait en cour d'assises le 30 décembre dernier.

Sur le verdict du jury, la cour a condamné le hobereau frappeur à deux mois de prison et deux cents francs d'amende. Un peu de plus il aurait été acquitté et même félicité pour sa belle action.

Pensez donc, un comte !

Je ne sais s'il est intervenu une convention entre les parties adverses, mais Scholl qui, cependant, a souffert pendant de longues semaines et a même failli perdre un œil, Scholl, disons-nous, a été très modéré dans sa déposition, il m'a même semblé qu'il avait par trop ménagé son ennemi.

Je sais bien que Scholl est incapable d'accabler un adversaire, même déloyal, quand celui-ci se trouve entre les mains de la justice ; mais c'est égal, il faut être bien maître de soi pour montrer autant de calme et de modération après avoir été victime d'une aussi sauvage agression.

C'est que, voyez-vous, Aurélien Scholl est un véritable gentilhomme de lettres et un vrai *gentleman* dans la vie privée.

A. CAREL.

Février 1881.

Depuis Adam, les oiseaux, générations

sur générations et peuplades sur peuplades,

se laissent éternellement tenter par le même

appât et tombent dans le même piège.

« Une fille est un oiseau », a dit un

faiseur de vaudevilles. C'est pour quoi,

dans les pays où le divorce existe, on

voit des femmes déçues dans un premier

mariage en contracter souvent un second.

Aurélien Scholl

CAPIOMONT aîné, CALVET et Cie, éditeurs, 10, rue Gît-le-Cœur, Paris.

SCEAUX. IMP. CHARAIRE ET FILS.

ŒUVRES CHOISIES D'EUGÈNE SUE

MATHILDE

ou LES MÉMOIRES D'UNE JEUNE FEMME

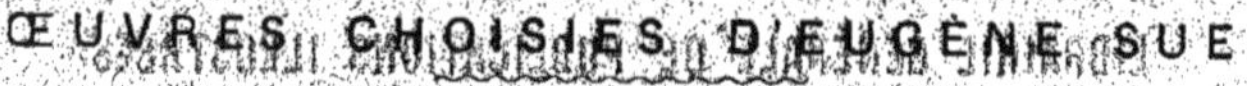

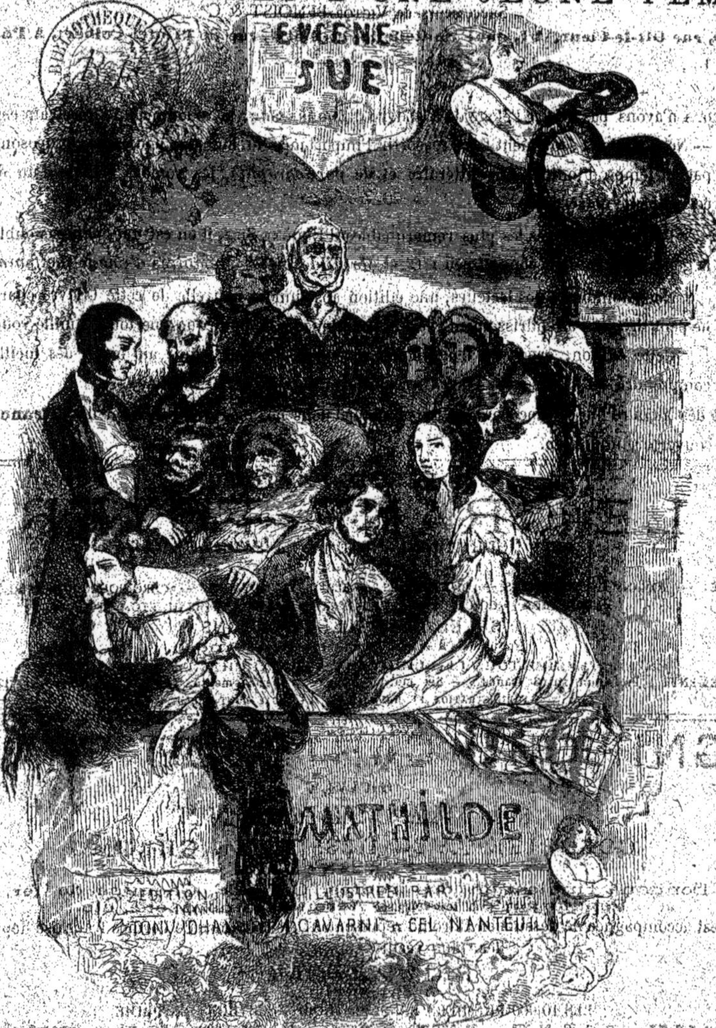

EN VENTE PARTOUT

La Livraison 10 centimes. — 50 centimes la Série. — Deux Livraisons par semaine

BIOGRAPHIES CONTEMPORAINES

ÉMILE AUGIER

ES qualités du cœur et de l'esprit sont-elles héréditaires comme le sont certaines maladies cérébrales? La question est très controversée et les preuves pour ou contre sont également nombreuses. Ceux qui penchent pour l'affirmative, offrent comme exemple frappant Émile Augier, petit-fils de Pigault-Lebrun.

Comme son aïeul, en effet, Augier a l'esprit caustique, la verve mordante, la haine de l'hypocrisie et du mensonge. Comme lui, il s'attaque vigoureusement aux vices et aux ridicules de son temps, comme lui enfin, il sait être gai, égrillard même parfois, sans être cynique.

**

Le mariage du père d'Émile Augier avec la fille de Pigault-Lebrun, eut lieu dans des circonstances tant soit peu romanesques.

Le père d'Émile venait d'être reçu avocat: pendant un séjour qu'il fit à Paris, il rencontra plusieurs fois, dans une maison amie, une jeune fille dont il devint amoureux.

Il apprit que c'était la fille du célèbre romancier Pigault-Lebrun.

Il demanda sa main et fut agréé. Mais avant de consentir à l'union des jeunes fiancés, le romancier eut soin d'insister sur l'absence absolue de dot. Le jeune avocat répondit qu'il adorait sa future et qu'il saurait se faire une position.

Tous les arrangements terminés, Pigault-Lebrun invita à un grand dîner de fiançailles ses parents et ses amis. A ce repas se trouvait Michot, de la Comédie-Française, qui avait épousé une tante de la jeune fiancée.

Au dessert, Michot en son nom et au nom de sa femme annonça à sa nièce que, n'ayant pas d'héritiers, il mettait cent mille francs dans la corbeille de noce.

— Et moi, dit une autre vieille tante, j'ai de beaux bijoux de famille et une vieille argenterie massive, je ne porterai plus les uns et je ne me servirai guère de l'autre, j'en fais cadeau aux jeunes époux.

Le vieux Pigault-Lebrun, ajouta en riant qu'il n'était pas aussi pauvre qu'il l'avait dit et qu'avec les cadeaux qu'on venait de lui faire, la jeune épouse aurait une dot de deux cent mille francs.

Le désintéressement de l'avocat reçut donc sa récompense ; il eut en même temps une jolie femme et une belle dot, ce qui n'est pas à dédaigner.

***

J'ai recueilli sur la jeunesse d'Émile Augier de touchants détails :

C'est à sa petite maison des champs que le grand-père commença l'éducation d'Émile.

Après avoir fait répéter les leçons de son petit-fils, Pigault-Lebrun lui construisait un joli paysage dans une caisse sur la fenêtre. C'étaient des champs de lin fleuri, des rochers de coquillages, dont le pied baignait dans un lac bordé de terre glaise et de mousse. Dans ce bassin, à la grande joie de l'enfant et du vieillard, s'élevait et retombait en cadence un jet d'eau, très ingénieusement arrangé par l'auteur des *Barons de Felsheim*, et des poissons rouges barbotaient dans un étang trop étroit pour eux.

Autre épisode touchant :

C'était le 24 juillet 1835, dans cette même petite maison de Pigault-Lebrun, où l'auteur de *Monsieur Botte* vivait avec sa femme, sa fille et ses petits enfants. Pigault-Lebrun allait mourir. Étendu sur son lit, en proie à la chaleur du jour et à la chaleur de la fièvre, il gardait cette expression calme et résignée du philosophe qui a écrit le *Citateur*.

La mort venait lentement.

— J'attends que tout soit fini, dit-il à demi-voix, mais c'est long.

Il demande à dire adieu à son petit-fils ; à son cher Émile, qui était au collège, en train de devenir un grand homme, disait le grand-père.

A la dernière distribution des prix, Émile avait été le second dans la version grecque.

— Le second prix de version grecque ! s'écria le bon vieillard, en embrassant sa fille.

Sa fille se mit à pleurer ; n'était-elle pas mère ? L'aïeul demeura muet ; la tête appuyée sur sa canne, ses yeux brillants au milieu de ses rides, écoutant avec délices le récit toujours nouveau des gloires de son petit-fils. Pendant ce temps, Émile regardait le paysage.

Tout à coup Pigault-Lebrun s'écria :

— Il me faut du carton ! Allez m'en chercher de la cave au grenier ! J'ai mon dessein.

On trouva un vieil almanach.

— Voilà mon affaire ! Écoutez bien. Avec le prix, il y a une couronne ; je veux que ma fille peigne là-dessus des fleurs, puis au milieu on écrira : *Deuxième prix de version grecque, concours général, remporté le 30 juillet 1834.* On ne mettra pas de nom, à quoi bon ? Qui ne le devinera, en voyant la couronne pendue à mon chevet ? Je la verrai tous les matins en attendant un premier prix.

Ce premier prix, ce grand prix, il vint, mais vingt-quatre heures trop tard.

Pigault-Lebrun venait de mourir la veille. Il

serait mort de joie. Le destin lui devait bien cette mort-là à Pigault-Lebrun.

Quand il songe à son grand-père — et il y songe souvent — Émile Augier se souvient avec attendrissement de l'heureux temps de cette heureuse jeunesse.

***

Guillaume-Victor-Émile Augier est né à Valence (Drôme) le 17 septembre 1820. Nous avons dit quelle fut son enfance.

En 1828, sa famille vint se fixer à Paris et le jeune Émile entra au collège Henri IV, où il se lia d'amitié avec le duc d'Aumale, dont il devint plus tard le bibliothécaire.

En 1839, ses études terminées, après de grands succès universitaires, il entra, sur le désir de ses parents qui le destinaient au barreau, dans l'étude de l'avoué Masson.

Mais le jeune lauréat du grand concours cultivait bien plus la poésie que les *exploits* qu'il était obligé de transcrire sur papier timbré.

Sa famille, du reste, voyant la passion irrésistible d'Émile pour les vers, ne contraria pas sa vocation. En 1844 le jeune poète présenta au comité de la Comédie-Française une comédie en deux actes, en vers : *La Ciguë.* Naturellement, *les comédiens ordinaires de S. M. Louis Philippe,* refusèrent à l'unanimité cette charmante comédie qu'ils ont été bien heureux de mettre quelques années plus tard à leur répertoire, dont elle est une des perles les plus précieuses. De tous temps MM. les sociétaires du Théâtre-Français ont repoussé les inconnus sans s'inquiéter de la valeur de l'œuvre présentée ; ils laissent à d'autres, plus audacieux ou plus... intelligents, le soin de monter à leurs risques et périls les pièces des nouveaux auteurs, quittes à reprendre plus tard ces mêmes pièces consacrées par le succès. C'est prudent, mais peu digne de comédiens, qui se prétendent les premiers artistes du monde.

Émile Augier porta *la Ciguë* à l'Odéon, où elle fut représentée ; elle obtint un si grand succès qu'elle resta sur l'affiche pendant plus de trois mois. Cette pièce est une des plus parfaites des œuvres de l'auteur, au point de vue de la forme. Un jeune débauché athénien a réuni ses compagnons de plaisir dans un festin suprême, il leur fait ses adieux, décidé à boire la ciguë parce qu'il ne trouve pas que la vie vaille la peine d'être conservée. Il s'aperçoit pendant le repas qu'une jeune esclave l'aime véritablement, il se reprend à la vie par l'amour. C'était sous un délicieux pastiche des mœurs antiques, une leçon donnée à l'indifférence égoïste de la jeunesse blasée de notre époque. On vit avec plaisir cet heureux retour de la comédie de mœurs écrite en vers et où la fantaisie se mêle à la réalité.

Dans une lettre éloquente, qui sert de préface à sa première œuvre, Émile Augier rend hommage à son grand-père et le défend contre les injustes attaques auxquelles fut en butte l'auteur de tant de romans pleins de verve, de bonne humeur et de philosophie.

Les sociétaires de la Comédie-Française reconnurent la faute qu'ils avaient commise, en écartant un écrivain de cette valeur, et l'année suivante ils s'empressèrent de jouer *Un homme de bien*, trois actes en vers. Cette pièce n'obtint qu'un demi-succès.

En 1848, au même théâtre, *l'Aventurière* réussit pleinement, et cependant l'auteur l'a profondément remaniée depuis (1860). L'Aventurière est une femme habituée à se voir adorée

de tous les hommes et à les duper tous, qui finit par s'éprendre d'amour pour celui qui ose lui dire la vérité en face. On trouve dans cette comédie une apologie des mœurs de la bourgeoisie qui gagna au poète toutes les sympathies de cette classe nombreuse de la société.

Gabrielle, comédie en cinq actes, en vers (Comédie-Française, 1849), fut le triomphe d'Émile Augier, dans ce genre de pièce qu'on pourrait appeler la comédie bourgeoise. Gabrielle s'ennuie parce que son mari travaille toute la journée et ne l'amuse pas ; elle va même se laisser séduire par un amant lorsque les reproches de son mari la ramènent au devoir. Cette pièce obtint le prix Montyon en partage avec *la fille d'Eschyle,* de Joseph Autran.

Gabrielle a été souvent reprise et toujours avec succès.

C'est à cette pièce que se rapporte la touchante anecdote racontée par Coquelin aîné dans une conférence de la salle des Capucines :

Un matin du printemps de 1849, un père traversait le pont des Arts avec sa petite fille, une délicieuse enfant, et, comme elle avait la fantaisie de courir, lui, comme un enfant aussi, courait après elle, et, la rattrapant à la volée, il la soulevait jusqu'à ses lèvres et l'embrassait d'un mouvement admirable de paternité heureuse. « Bravo ! » dit gaiement quelqu'un derrière eux, et deux mains applaudirent comme au théâtre. Celui qui applaudissait, c'était Émile Augier ; le père c'était Régnier, et Régnier, rappelant le mot fameux d'Henri IV surpris jouant avec ses enfants : « Êtes-vous père, monsieur l'ambassadeur ? » demanda-t-il en riant.

Trois mois après, le père et son illustre ami revenaient du cimetière, hélas ! où ils laissaient l'enfant, et, rentré chez lui, Augier, qui remaniait le cinquième acte de *Gabrielle*, y ajoutait ces vers :

Nous n'existons vraiment que par ces petits êtres,
Qui dans tout notre cœur s'établissent en maîtres,
Qui prennent notre vie et ne s'en doutent pas,
Et n'ont qu'à vivre heureux pour ne pas être ingrats.

Et ces vers, si charmants et si vrais, à quelque temps de là le père lui-même les disait sur la scène, imposant, comme artiste, silence à ses douleurs, ou plutôt, par une espèce de courage propre à son art, les pétrissant avec celles de son rôle pour en faire une création admirable... Et c'est pour le remercier et consacrer ses souvenirs qu'en lui envoyant sa brochure Augier écrivit sur la première page ces strophes :

GABRIELLE

A mon ami Régnier.

Vous souvient-il du jour où je vous rencontrai,
Le père avec la fille ? Un jour de mois de mai
Ou d'avril, ce me semble.
Vous couriez sur le pont comme des écoliers.
Épanchant en propos tendres et familiers
Le bonheur d'être ensemble.

Et vous étiez si bien de tout le reste absents,
Qu'en vos bras tout à coup, sans souci des passants,
Vous l'avez embrassée.
Ce gai débordement d'un cœur heureux et plein,
Et ce joyeux baiser, vers un monde serein
Élèvent ma pensée.

Le reflet d'un bonheur, hélas ! si tôt perdu,
Comme un tiède rayon dans mes vers répandu,
Pour vous, brille encore,
Et met notre amitié, pauvre cœur désolé,
Sous l'invocation de votre ange envolé
Qui les a fait éclore.

Le joueur de flûte, comédie en un acte, en

vers (Comédie-Française, 1850), appartient au même genre que *la Ciguë*, mais elle n'obtint pas le même accueil.

En 1851, Augier fit un opéra en trois actes, *Sapho*, dont Gounod composa la musique.

Rachel avait demandé à Émile Augier d'écrire une pièce où elle jouerait le rôle principal. *Diane*, pièce en cinq actes, fut représentée en 1852 et n'obtint qu'un succès très relatif. L'action se passe sous Richelieu, et ce fameux édit contre les duels, si souvent exploité au théâtre, sert de base à l'intrigue. Augier s'en est tenu à cet essai et a renoncé aux pièces historiques.

En 1853, il fit en collaboration avec Jules Sandeau une comédie en cinq actes, *la Pierre de touche* et, la même année, il donna au Gymnase *Philiberte*, comédie en trois actes, en vers. Cette pièce, étincelante de poésie, est un vrai chef-d'œuvre. Philiberte, une jeune fille qui se croit laide et qui passe pour être stupide, se transforme tout à coup quand elle s'aperçoit qu'on l'aime. C'est bien simple, n'est-ce pas? Mais quels ravissants détails!

A partir de cette époque, Émile Augier abandonna la fantaisie et se lança à corps perdu dans l'étude des mœurs contemporaines. En 1855 fut représentée au Vaudeville une comédie pleine d'audaces : *le Mariage d'Olympe*. Cette pièce fut très controversée, le public d'alors n'étant pas habitué à cette vigueur qui va jusqu'à la crudité. Olympe est une aventurière qui est parvenue à se faire épouser par un jeune homme appartenant à l'aristocratie. Une fois admise dans la famille, l'ennui la saisit. Elle regrette sa fange et, par son inconduite, amène son beau-père, le marquis, à s'en défaire d'un coup de pistolet.

C'était hardi et c'est du reste la seule fois qu'Augier a employé des moyens violents.

La pièce fut discutée encore à sa reprise au Vaudeville. Enfin, dernièrement, au Gymnase, *le Mariage d'Olympe* fut accueilli comme il le mérite. Le public, qui n'en est plus à compter les audacieux ni même les impudents en littérature, a fini par reconnaître qu'Augier est un maître, qui respecte son art et ne dépasse jamais la mesure.

La même année (1855), il donna au Gymnase *Le Gendre de monsieur Poirier* comédie en quatre actes en collaboration avec Jules Sandeau. L'aristocratie de naissance et l'aristocratie d'argent sont ici aux prises avec leurs travers et leurs ridicules. Cette pièce, qui se recommande par la verve comique passe pour une des meilleures d'Augier.

Ceinture dorée, comédie en trois actes, écrite en collaboration, avec Édouard Fournier et représentée au Gymnase (1855), n'obtint pas, à beaucoup près, la même vogue.

La Jeunesse, comédie en cinq actes en vers, (Odéon, 1858) est une œuvre vigoureuse et fortement conçue. A ceux qui se plaignent qu'il n'y a plus de jeunes gens, l'auteur montre une mère qui, — par amour maternel, — détruit chez son fils tous les nobles instincts; elle lui prêche l'égoïsme, la complaisance envers les puissants et l'abandon des déshérités.

La même année, Émile Augier porta au Vaudeville une pièce en trois actes écrite avec Édouard Foussier : *les Lionnes pauvres*. La conception est hardie, mais non immorale, car, je ne saurais trop le répéter, Augier ne dépasse jamais les limites imposées. Cependant la censure impériale fut offusquée (où diable la pudeur va-t-elle se nicher!) et la pièce ne put être jouée que grâce à une haute intervention. Elle obtint un énorme succès qui se renouvela lors de la reprise au même théâtre en 1863. La préface que les auteurs ont jointe à la brochure des *Lionnes pauvres* est une fière revendication des droits de la pensée et de la poésie dramatique.

La même collaboration produisit : *Un beau mariage*, comédie en cinq actes représentée au Gymnase en 1859.

Mais Émile Augier était loin d'avoir dit son dernier mot. En 1861, il faisait représenter au Théâtre-Français *Les Effrontés*, satyre hardie des moyens déshonnêtes employés par les gens d'affaires et de finance, qui se servent audacieusement du journalisme pour faire des dupes. Cette pièce fut très vivement critiquée, mais obtint, en somme, un long et retentissant succès.

Mais tout le tapage fait autour des *Effrontés* n'est rien en comparaison de celui avec lequel fut accueilli *Le Fils de Giboyer*, comédie en cinq actes, représentée le 1er décembre 1862 à la Comédie-Française. Le parti clérical, c'est-à-dire ces Français qui obéissent aux ordres venus du prêtre de Rome, et livreraient leur patrie pour sauver leur religion, ce parti-là est fustigé de main de maître par le vaillant écrivain. Le coup avait porté juste ; Barbey d'Aurévilly lança ses plus foudroyants adjectifs et Laprade ses plus plates injures ; enfin, toute la meute cléricale donna de la gueule. Les brochures abondèrent pour ou contre l'œuvre si puissante d'Émile Augier. Toujours est-il que *Le Fils de Giboyer* fut joué à Paris pendant six mois consécutifs avec le plus retentissant succès, qu'il fit le tour de la France et de l'étranger, soulevant partout les passions de la foule.

Maître Guérin, comédie en cinq actes, peut compter aussi au nombre des meilleures du maître. Elle fut jouée à la Comédie-Française de décembre 1864 à mai 1865.

Maître Guérin est un notaire qui dépouille tous ses clients, même ses meilleurs amis, mais en restant dans la stricte légalité. Sa famille le renie et son fils le repousse avec mépris.

Désormais, Émile Augier était le maître incontesté des écrivains dramatiques de notre temps ; l'annonce d'une pièce nouvelle suffisait pour exciter au plus haut point la curiosité publique. Dès qu'on parla de *la Contagion*, Villemessant offrit à l'auteur 10,000 francs pour avoir le droit de la publier dans l'*Evénement*. La pièce avait été reçue à la Comédie-Française, mais les grosses recettes faites par *le Lion amoureux* de Ponsard menaçaient de retarder longtemps la première représentation. Got obtint l'autorisation de jouer la pièce ailleurs, il s'adjoignit des artistes de grand talent, tels que Berton, Brindeau et Mme Doche. La pièce fut représentée le 17 mars 1866, mais soit que la curiosité eût été trop surexcitée à l'avance, soit pour tout autre motif, la pièce ne répondit pas, à Paris du moins, aux légitimes espérances qu'on avait pu concevoir. Le baron d'Estrigaud se fait professeur de corruption et de vices de tout genre auprès d'un jeune homme qui, séduit par ses belles manières, prend à tâche de l'imiter. Voilà *la Contagion*. Got fit faire à cette pièce le tour de France.

En 1868, Émile Augier obtenait un nouveau et immense succès avec *Paul Forestier*, comédie en quatre actes, en vers.

Michel Forestier engage son fils, peintre de talent, à rompre avec une femme qu'il aime et dont il est aimé, et lui fait épouser une jeune fille qui lui convient mieux, à lui le père. Il ne réussit qu'à faire le malheur de tous les trois.

Malgré le dénouement moral, cette pièce renferme de grandes hardiesses que le talent poétique de l'auteur fait admettre sans opposition.

Signalons encore le *Post-Scriptum*, comédie en un acte (Comédie-Française, 1869), et au même théâtre, la même année, *les Lions et les Renards*, comédie en cinq actes, nouvelle pièce anticléricale.

Jean de Tommeray, pièce en cinq actes, tirée d'un roman de Jules Sandeau, fut jouée au Théâtre-Français en 1873, avec un grand luxe de mise en scène.

De beaux sentiments patriotiques, noblement exprimés, ont assuré le succès de cette pièce.

Madame Caverlet, comédie en quatre actes (Vaudeville, 1876), est un plaidoyer énergique en faveur du divorce. Une femme mariée à un mari libertin a rencontré à l'étranger un honnête homme qui lui offre un asile et donne une excellente éducation aux enfants qu'elle a eus de son mari. On les croit mariés et ils vivent honorés de tous, lorsque le mari vient réclamer ses droits. Ils s'en débarrassent moyennant une somme d'argent et se font naturaliser en Suisse, où le divorce est autorisé.

Les députés qui ont voté récemment contre le rétablissement du divorce n'ont certainement pas étudié cette pièce si morale.

En 1878, Émile Augier est revenu à la Comédie-Française avec *les Fourchambault*, comédie en cinq actes. Un homme, après s'être fait aimer d'une femme qui l'a rendu père, se marie avec une autre qui le tourmente et gaspille sa fortune sous prétexte qu'elle a apporté une riche dot. Il est sauvé de la ruine par le fils de la femme qu'il a abandonnée.

Il y a dans cette pièce une scène admirable. Les deux frères, le fils légitime et... l'autre se trouvent en présence :

— Vous êtes un calomniateur comme votre grand-père! s'écrie Bernard.

A ces mots, Léopold s'élance sur Bernard et le frappe au visage. Et Bernard maîtenant sa colère :

— Quel malheur que tu sois mon frère!

Les deux frères s'expliquent. Léopold s'humilie et Bernard lui tendant la joue :

— Efface!

Voilà un vrai trait de génie. On ne saurait rendre l'émotion, le frémissement des spectateurs pendant cette scène, l'une des plus belles que je sache.

Si nous ajoutons le *Prix Martin*, comédie en trois actes faite en collaboration avec Labiche et dont nous avons parlé dans la biographie de ce dernier, *la. Chasse au Roman* et *l'Habit vert*, en collaboration avec Sandeau et Alfred de Musset, nous aurons la liste complète de l'œuvre si considérable déjà d'Émile Augier. La publication de ses *Œuvres complètes* a commencé en 1877.

Outre ses comédies, Émile Augier a publié un volume d'*Œuvres diverses*, contenant des pièces de vers, *les Pariétaires*, une grande comédie en vers, non représentée : *les Méprises de l'Amour*, une brochure politique et deux discours d'Académie.

Après de nombreuses candidatures, Émile Augier a été reçu à l'Académie française le 28 janvier 1858 en remplacement de M. de Salvandy. C'est lui qui devait répondre à Emile Ollivier, le renégat au cœur léger. Cette tâche ingrate lui a été évitée par la pudeur des académiciens qui n'ont pas voulu entendre l'éloge du misérable tombé à Sedan.

Chevalier de la Légion d'honneur depuis 1850, il a été promu au grade d'officier en 1858 et à celui de commandeur en 1868.

***

Il nous reste à montrer Émile Augier comme administrateur. Il est peu connu en cette qualité et cependant il a été conseiller général de la Drôme. Les habitants de Valence s'en souviennent bien, car il leur a joué un joli petit tour qu'ils ne lui ont pas pardonné. Voici le récit de cette farce, cueilli dans un journal de la localité.

« M. Émile Augier devait un rapport sur la nécessité de la construction d'un monument spécialement affecté à la conservation des archives.

« *Tout Valence* était là, quand le préfet, ouvrant la séance du conseil général, dit avec une lenteur grave :

« — La parole est à M. Émile Augier.

« — Ah ! M. Augier va parler ! M. Augier va parler ! Silence ! Chut ! Écoutons M. Augier ! *De l'utilité*, etc.

« Émile Augier s'était levé, et, de l'air le plus naturel du monde, avec cette voix chaude et bien timbrée qu'on écoute avec respect à l'Académie et ailleurs :

« — Messieurs, dit-il, les archives de la Drôme sont enfouies, comme vous le savez, dans les combles de la préfecture ; cet état de choses ne pouvant durer, je vous propose de voter un crédit pour la construction d'un monument destiné à les recevoir. »

« Pas un mot de plus. A quoi bon ? Tout était dit en quatre paroles. il n'y avait plus qu'à voter et l'on vota en effet.

« Le conseil décida que les archives de Valence seraient transportées dans un local spécial et, transporté de reconnaissance pour lui-même, que les noms des conseillers qui avaient rendu ce vote unanime seraient gravés sur une plaque de marbre noir scellée dans la muraille de la grande salle de ces Archives. Les *puissants de quatre jours* ont de ces soifs d'éternité. De telle sorte que, grâce à cette bienheureuse plaque, le nom d'Émile Augier passerait à la postérité, quand même celui qui le porte ne serait pas l'honneur de notre théâtre contemporain.

« Mais l'imprévu de l'historiette, c'est que le public de Valence ne pardonna guère à M. Augier son spirituel laconisme. On attendait un discours, on n'avait pas de discours, on cria à la mystification.

« — Il s'est moqué de nous !

« — Il nous a traités en provinciaux !

« — Croyait-il donc être à la comédie ?

« Il y en eut, parmi les Valentinois, qui osèrent risquer cette appréciation avec des hochements de tête très profonds :

« — Heu ! heu ! Émile Augier ! On dit que les Parisiens lui trouvent beaucoup de talent et l'appellent un maître ! Moi, je lui ai entendu faire son fameux rapport sur les Archives. Il n'a même pas su parler deux minutes ! »

***

De tous ceux qu'on considère, à tort ou à raison, comme les maîtres de la scène contemporaine, — Dumas fils, Sardou, Feuillet, etc., — c'est Émile Augier qui est le mieux pondéré, c'est celui qui est le mieux en possession de lui-même, qui creuse le mieux les caractères et soigne le plus son style. Ses pièces ont un commencement, un milieu et une fin. Cette observation peut sembler banale, elle est cependant très juste, car c'est le seul auteur dramatique de nos jours qui ait conservé cette précieuse qualité.

Au point de vue physiologique, le cerveau d'Émile Augier est admirablement constitué ; sa tête est un superbe modèle pour la statuaire. Notre dessinateur Hope, qui s'y connaît, n'a pu résister au plaisir de faire au crayon la statue du poète.

— Va pour la statue, ai-je dit en voyant le croquis.

Je suis sûr que l'avenir ratifiera le jugement du caricaturiste et qu'un jour — dans bien longtemps — une vraie statue de marbre ou de bronze s'élèvera sur une place publique de la ville natale d'Émile Augier.

A. CAREL.

Mars 1881.

Depuis un siècle, hélas ! nous avons tant douté,
Tant tiré dans tous sens la pauvre Vérité,
Tant adoré d'erreurs, essayé de systèmes,
Soulevé, discuté d'insolubles problèmes,
Nous avons tant troublé, tant bouleversé tout,
Que rien dans notre esprit n'est demeuré debout,
Et que les mots y vont hurlant après les ombres
Comme des chiens sans maître au milieu des décombres.

E. Augier

CAPIOMONT aîné, **CALVET** et Cⁱᵉ, éditeurs, rue Gît-le-Cœur, **Paris.**

SCEAUX. IMP. CHARAIRE ET FILS.

BIOGRAPHIES CONTEMPORAINES

ÉMILE DE GIRARDIN

Depuis quelques semaines déjà, mes éditeurs m'avaient prié de faire entrer le plus tôt possible dans nos *Biographies contemporaines*, le portrait d'Émile de Girardin. Je recherchai donc les documents que je possède et me mis à en recueillir de nouveaux ; j'étais bien loin de supposer que lorsque mon esquisse serait terminée, le modèle aurait disparu.

La veille ou l'avant-veille de Pâques, j'allai le voir un matin dans sa splendide demeure de la rue La Pérouse. Il me reçut dans son cabinet de travail, où se trouvaient réunis quelques journalistes. Girardin s'entretenait particulièrement avec le directeur d'une petite feuille hebdomadaire de propagande campagnarde, et lui donnait des conseils pour les prochaines élections. Son esprit était toujours aussi vif et sa santé ne paraissait que très légèrement altérée ; il avait conservé toute sa vigueur, mais il montrait une inquiétude et une impatience que je ne lui avais jamais connues.

Le téléphone qui relie son hôtel avec les bureaux de la *Banque nationale*, situés comme on sait rue Le Peletier, l'avait dérangé plusieurs fois de suite, pour peu de chose à ce qu'il paraît ; car, à un moment donné, il envoya comme réponse le mot qui a rendu Cambronne célèbre et que Victor Hugo a répété dans les *Misérables ;* dès lors le téléphone resta silencieux et Girardin put continuer à son aise, la conversation si malencontreusement interrompue.

Comment aurais-je pu croire que cette entrevue était la dernière que je devais avoir avec le célèbre journaliste ? Personne ne s'attendait à une mort aussi rapide. Émile de Girardin a été enlevé presque subitement.

On ne sait exactement ni la date ni le lieu de naissance d'Émile de Girardin. Son état civil le fait naître en Suisse, le 22 juin 1806 « de père inconnu et de demoiselle Delamothe, lingère, » mais l'acte notarié qu'il fit substituer plus tard à cette fausse déclaration dit qu'il est né à Paris en 1802.

Lui-même n'a jamais su exactement son âge, ainsi que le prouve la réponse qu'il fit en 1847, au Président de la chambre des Pairs, qui lui demandait son âge :

« J'ai de quarante-et-un à quarante-trois ans. »

Sa famille indique la date du 22 mai 1805.

Il fut élevé en Normandie sous le nom d'Émile Delamothe et vint à Paris en 1823. Il entra sous le même nom dans les bureaux de la maison du roi, puis chez un agent de change où il fit preuve d'une grande intelligence et d'une aptitude spéciale pour les affaires financières.

En 1827, il abandonna la finance pour tenter de se faire une position dans la littérature. Son premier livre fut *Émile*, autobiographie anonyme qui fit un certain bruit, surtout quand on apprit que le jeune écrivain revendiquait le nom de son père, le général comte Alexandre de Girardin, grand veneur de Louis XVIII et de Charles X. Pour appuyer sa réclamation et prendre possession du nom auquel il croyait avoir droit, il signa la seconde édition de son livre : *Émile de Girardin*. Sa prétention était justifiée, car il était le fils réellement le fils adultérin du général de Girardin et de Mme Dupuy, femme d'un conseiller à la cour de Paris.

Le général reconnut dix ans plus tard, au sein d'une commission de la chambre des Députés, cette paternité qu'il avait jusqu'alors soigneusement cachée.

Tous les détails de cette vie de misère, de lutte et de honte, que par une injustice criante la société fait rejaillir sur le bâtard, sont admirablement décrits dans un roman d'Auguste Luchet, intitulé : *Le nom de famille*. Ce livre fut interdit en France, je ne sais pour quelles raisons, à moins que ce ne soit pour être agréable aux nobles personnes mises en scène par l'auteur.

En 1828, Émile de Girardin publiait son second volume : *Au hasard, fragment sans suite d'une histoire sans fin*.

Mais cela ne suffisait pas à faire vivre le jeune écrivain ; il obtint, grâce à l'influence de son père, une place d'inspecteur-adjoint aux Beaux-Arts, maigre sinécure qu'il ne conserva pas longtemps.

Voyant que la littérature ne le conduirait pas bien vite à la notoriété et à l'aisance, il résolut d'entrer dans la carrière militaire, mais il échoua à sa première tentative d'examen et vint, heureusement pour lui, se réfugier dans une petite chambre au sixième étage d'une maison située rue Saint-Nicolas-d'Antin.

C'est dans cette maison qu'il fit la connaissance de Nestor Roqueplan, de Romieu, de Henri Monnier avec lesquels il fonda le *Voleur*, dont le premier numéro parut le 5 octobre 1828.

Ce fut là véritablement l'origine de son étonnante fortune.

Encouragé par le succès du *Voleur*, Girardin fonda la *Mode* (1er octobre 1829.)

Après la Révolution de Juillet, il eut l'idée de la presse à bon marché, et proposa à Casimir Périer un plan complet de réforme à appliquer au *Moniteur*. Le ministre repoussa avec dédain cette idée qui lui semblait irréalisable.

Alors Émile de Girardin créa le *Journal des connaissances utiles*, dont l'abonnement n'était que de quatre francs par an. Il obtint près de 140,000 souscripteurs, c'était un résultat inouï pour l'époque.

En 1831, Girardin épousa Mlle Delphine Gay, surnommée la dixième muse. Cette jeune femme fut le bon génie du publiciste ; elle attira dans son salon, toutes les célébrités artistiques, littéraires et financières, qui devaient être un puissant appui pour le hardi novateur.

Il publia successivement le *Journal des instituteurs*, à trente sous par an ; le *Musée des familles* (1833) ; l'*Almanach de France*, qui tira dès la première année à plus d'un million d'exemplaires ; un *Atlas de France* par départements, et un *Atlas universel* à un sou la carte.

Toutes ces publications lui rapportèrent beaucoup d'argent, et lui permirent d'acheter une jolie habitation rue Saint-Georges.

Au-dessus de la porte d'entrée, sur une plaque de marbre noir, on lisait ces mots en lettres d'or : *Société Nationale;* c'est en effet comme émanant d'une *Société nationale pour l'émancipation intellectuelle* que toutes ces publications étaient lancées. Puis vinrent : la *Maison rustique du XIXe siècle*, avec le concours de MM. Paulin et Bixio et le *Panthéon littéraire*, vaste collection qui devait renfermer en cent volumes la valeur de 1,000 volumes ordinaires, etc., etc.

Mais toutes ces publications, exclusivement littéraires, ne suffisaient pas à satisfaire l'activité prodigieuse du jeune éditeur. Ce qu'il rêvait depuis longtemps, c'était une réforme complète de la presse quotidienne. Les journaux politiques d'alors, quoique de très petit format, coûtaient cher : 80 et 90 francs par an. M. de Girardin trouva la combinaison du journal plus grand à 40 francs, en faisant payer le papier et le timbre par les annonces. La quatrième page devait entretenir les trois premières.

En 1836, après plusieurs tentatives infructueuses, il parvint à réunir les capitaux nécessaires pour faire paraître *la Presse*.

Ce nouveau mode de publicité, inauguré par un ami du pouvoir, par un défenseur du système de Juillet, souleva de grandes colères dans les rangs de la presse opposante, que cette révolution dans le journalisme menaçait de ruine.

Dès le 4 juillet, le *Bon sens*, par la plume de M. Capo de Feuillide, attaquait vivement M. de Girardin.

Celui-ci répondit avec vivacité. C'est alors qu'Armand Carrel intervint dans la lutte. Le directeur du *National* était un des journalistes les plus en vue de cette époque, et son journal tenait à lui seul en haleine l'opinion publique.

Le contraste le plus complet existait entre les deux adversaires. Ce contraste, Sainte-Beuve l'a admirablement décrit dans les lignes suivantes :

« L'un, dit-il, homme d'épée, républicain plus théorique que pratique, sachant l'histoire, se rattachant aux anciens partis, ayant ses principes, mais aussi ses prédilections, ses antipathies, ses haines ; cherchant à combiner et à nouer dans un seul faisceau plus de choses sans doute qu'il n'est donné d'en concilier, représentait avec un talent vigoureux et des mieux trempés, la presse sévère, probe, mais sérieuse, exclusive, ombrageuse et méfiante, un peu sombre, la presse à la fois libérale, guerrière, patriotique et antidynastique ; moins encore un ensemble de doctrines ou un système d'idées qu'une position stratégique ou un camp.

L'autre représentait, à cette date, l'esprit d'entreprise, l'innovation hardie, inventive, l'esprit économique et véritablement démocratique, le besoin de publicité dans sa plénitude et sa promptitude, les intérêts, les affaires, le nombre et les chiffres, avec lesquels il faut compter ; la confiance qui est l'âme des grands succès ; l'appel à nous, l'absence de toute prévention contre les personnes, y compris les personnages dynastiques ; l'indifférence aux origines, pourvu qu'il eût valeur, utilité et talent ; il était l'un des chefs de file et des éclaireurs de cette société moderne qui n'est, ni légitimiste, ni carbonariste, ni jacobine, ni girondine, ni quoi que ce soit du passé, et qui rejette ces dénominations anciennes, surannées déjà ; qui est pour soi, pour son développement, pour son progrès, pour son extension en tout sens et son bien-être ; qui, par conséquent, est pour la paix et pour tout ce qui la procure et qui l'assure, et pour tout ce qu'elle enfante ; qui aurait pris volontiers pour son programme non pas la revanche des traités, de 1815 ou la frontière du Rhin, mais *les chemins de fer avant tout*. »

A l'article violent du *National*, Girardin riposta en mettant en doute « la loyauté » de son adversaire.

Armand Carrel fut gravement ému à la lecture de l'article de la *Presse*. Accompagné de Adolphe Thibaudeau, il se rendit chez M. de Girardin qui fit immédiatement chercher un de ses amis, Lautour-Mezerai.

Au cours du débat Carrel s'étant écrié :

—Mais c'est donc une affaire que vous cherchez ?

— Monsieur, répondit Girardin, une affaire avec vous sera *une bonne fortune* pour moi !

Les témoins se rencontrèrent le soir même ; on ne put s'entendre et le duel eut lieu le lendemain. On en connaît la fatale issue : Girardin blessé à la cuisse et Carrel tué d'une balle dans l'aine.

La conduite de M. de Girardin aurait été irréprochable dans toute cette affaire, sans le mot féroce que nous venons de rapporter et qui peint bien le caractère de l'homme.

M. de Girardin, du reste, n'a jamais beaucoup brillé par le tact ; il a plutôt visé à l'effet ; il était l'homme des coups de théâtre. Son duel avec Armand Carrel était pour lui une très bonne fin de prologue. Ce duel lui permit de refuser dès lors obstinément toute rencontre, même lorsqu'il fut frappé au visage, dans sa loge à l'Opéra, par Bergeron, le soi-disant auteur d'une tentative d'assassinat plus que singulière sur la personne de Louis-Philippe.

La mort d'Armand Carrel déchaîna de toutes parts les fureurs contre M. de Girardin qui, tout fier qu'il fût du tapage fait autour de son nom, crut devoir accorder une certaine satisfaction à l'opinion publique en prononçant sur la tombe de son collaborateur Dujarrier tué, plus tard, dans les mêmes circonstances, les paroles suivantes :

« Si j'élève ici la voix, ce n'est pas seulement pour exprimer de vains regrets et rendre un pieux hommage aux rares qualités que m'avaient fait reconnaître et honorer en lui des relations dont chacune était une épreuve journalière et décisive... Mais, placé entre la tombe qui est sous mes yeux et celle qui demeure ouverte et cachée dans mon cœur, je sens que j'ai un devoir impérieux à remplir, devoir trop douloureux pour n'être pas solennel !

« Que ces mots : *Je vais me battre en duel pour la cause la plus futile et la plus absurde,* » écrits d'une main calme et ferme par Dujarrier, une heure avant qu'il reçoive le coup mortel, ne s'effacent jamais de la mémoire d'aucun de nous.

« Moins qu'à tout autre, je le sais, il m'appartient, en cette circonstance, de prononcer ici les noms de la Décision et de la Raison ; aussi leur langage élevé n'est-il pas celui que je veux faire entendre, mais l'humble langage qui me convient. »

Mais rien ne put arrêter les attaques des ennemis politiques du directeur de *la Presse*. Entre tous le *Charivari* se fit remarquer par la violence et la persistance de ses poursuites. Il faut dire aussi que M. de Girardin prêtait largement le flanc à ses adversaires. Il était mêlé à une foule d'entreprises plus ou moins véreuses qui ont eu maille à partir avec la justice, telles que : les mines de Saint-Bérain, le Physionotype, l'Institut agricole de Coëtbo, etc.

Plusieurs années durant, cette guerre continua sous toutes les formes ; le crayon et la chanson s'en mêlèrent.

Daumier et Philippon, dans leurs célèbres scènes de Robert-Macaire, eurent surtout en vue M. de Girardin et l'industrialisme auquel il avait donné, par toutes ses entreprises, un essor considérable, il faut bien le reconnaître.

Voici une chanson publiée en 1836 par le *Charivari* où toutes les entreprises de M. de Girardin sont bafouées.

M. Grippardin à ses Actionnaires

Sur l'air du *Pape marié*.

Suivez la foule
Que l'argent roule
Entrez, entrez chez monsieur Grippardin
Pour la recette
Notre cassette
S'ouvre, messieurs, le soir et le matin !

Vous savez tous ma raison sociale
Je suis connu par mille inventions ;
Je tiens de tout, même de la morale...
Je me suis mis moi-même en actions.
Suivez la foule, etc.

Variétés fut toujours ma devise ;
A tout j'étends ma vaste activité ;
Je vous nourris, vous gouverne et vous frise,
Je fais de l'air, de la banque et du thé.
Suivez, etc.

Qui n'a point vu mon *Physionotype ?*
Il rend vos traits assez mal façonnés ;
Mais les badauds que mon art antichipe
En sortent tous avec un pied de nez.
Suivez, etc.

A *Coëtbo* j'ai fait pousser des bottes
D'oignons, de pois de toutes les couleurs.
Les meilleurs fruits ont été les carottes,
Que se sont vu tirer les souscripteurs.
Suivez, etc.

En *Panthéon* j'édite nos grands hommes,
Le coupon coûte à peine mille francs...
Un Panthéon pour si chétive somme !
Cent francs de plus, et je vous mets dedans.
Suivez, etc.

J'ai fait un mors construit de bonne sorte ;
Pendant six mois aux chevaux, j'en réponds.
Ce mors, dit-on, les écorche... qu'importe ?
Je traite ainsi tous mes bailleurs de fonds.
Suivez, etc.

Je fais encore un journal qui s'adresse
Aux cœurs... surtout aux coffres *libéraux*.
Allons, messieurs ! qu'on demande la *Presse !*
Elle est partout... hormis dans ses bureaux.
Suivez, etc.

J'ai pris brevet pour un peigne-modèle
Dont mes amis tirent bon pronostic.
Vous le voyez, ma verve industrielle
Par vingt moyens fait la queue au public.
Suivez, etc.

Mes actions feront votre fortune ;
J'offre à cent francs... C'est pour rien, cadédis !
Mais hâtez-vous ! il n'en reste plus qu'une.
Pour six cents francs je vous en donne dix.
Suivez, etc.

Entrez chez nous ; et nous ferons affaire,
Pour cinq sous même... On n'est pas exigeant.
On reçoit bien ici l'actionnaire ;
Mais on reçoit encore mieux son argent.
Suivez la foule, etc.

M. de Girardin était appelé couramment *M. de Grippardin* ou *M. de Chippardin.*

Pendant trente ans cette guerre acharnée continua ; l'incident Bergeron le rendit encore plus vive. M. de Girardin, malgré la promesse solennelle qu'il avait faite dans la *Presse*, après la mort de Carrel, de ne plus se battre en duel et de ne pas s'adresser aux tribunaux pour le venger des injures qu'on lui adressait, poursuivit le *Charivari* qui fut condamné à un an de prison, 2,000 francs d'amende et 10,000 francs de dommages-intérêts ; quant à M. Bergeron il fut condamné à trois ans de prison.

En 1848, ces haines soulevées par la mort d'Armand Carrel n'étaient pas encore éteintes, et M. de Girardin tenta d'adoucir ces rancunes par une manifestation qu'on pourrait appeler l'épilogue du duel.

Le 2 mars 1848, un pèlerinage avait lieu sur la tombe de Carrel ; tous les hommes du *National* étaient présents. M. de Girardin prononça le discours suivant :

« Si les regrets que j'éprouve de la perte fatale et prématurée du citoyen éminent qui avait donné à ses croyances républicaines le double éclat d'un rare talent et d'un courage éprouvé, si ces regrets eussent pu être accrus, ils l'auraient été par les événements qui viennent de s'accomplir. Dire que le citoyen Armand Carrel manque à ces événements, c'est rendre à sa mémoire l'hommage le plus flatteur. Je me trompe : il est un hommage plus digne d'elle que nous pouvons lui rendre, c'est de demander au gouvernement provisoire, qui vient de se glorifier en abolissant la peine de mort, qu'il complète son œuvre en proscrivant le duel. »

M. Armand Marrast pressa affectueusement la main de M. de Girardin, lequel fut en outre embrassé avec transport par un grand nombre de spectateurs. Mais M. Armand Marrast prit à son tour la parole, et il le fit en ces termes :

« Citoyens,

« Quand nous sommes venus ici, nous n'avons voulu parler que de la vie d'Armand Carrel ; nous avons oublié sa mort.

« Ce que vous venez d'entendre est un grand hommage à cet esprit de concorde et de fraternité que nous avons tous pratiqué. NOUS ACCEPTONS CETTE EXPIATION FAITE SUR LE SEUIL DE LA DERNIÈRE DEMEURE D'ARMAND CARREL. »

La réponse était dure pour M. de Girardin, malgré la poignée de main affectueuse.

Le *National*, journal de M. Marrast, ne fut pas moins impitoyable. Rapportant les faits, il fit cette réflexion qui dut donner à réfléchir à M. de Girardin sur la valeur de la réconciliation qui venait de se sceller sur la tombe de Carrel :

Non, il ne faut pas *se méprendre* sur le motif qui amenait M. de Girardin devant la tombe d'Armand Carrel ; *toute méprise serait trop horrible*, et, nous n'en doutons pas, *trop injuste !*

En 1834, après les diverses publications qui l'avaient enrichi, Girardin voulut entrer dans la vie politique.

Il se présente à la députation dans le collège de Bourganeuf et est élu.

Son élection ne soulève aucune protestation.

Il n'en est pas de même en 1837, l'année qui suivit le duel, sa candidature est vivement combattue, et son élection contestée à la Chambre sous prétexte qu'il est né en Suisse. Son père vint à la Commission affirmer qu'il était né sur le territoire français. Son élection fut validée.

En 1839, la liquidation de la *Presse* fut réclamée par un groupe d'actionnaires en vertu de l'article de l'acte de société qui leur donnait ce droit du jour où la moitié du capital aurait été dépensée. M. Dujarier était à la tête de ce groupe d'actionnaires. La liquidation était une perte considérable pour les actionnaires primitifs, d'autant plus que le journal était en voie de prospérité. Ce coup partait évidemment des ennemis de M. de Girardin.

M. de Girardin s'entendit-il alors avec M. Dujarier ? c'est probable, car il se rendit adjudicataire de la *Presse* conjointement avec lui, pour la somme de 127,361 francs, somme bien inférieure à celle que ce journal avait coûté depuis sa création à ses actionnaires. La *Presse* a produit du 31 août 1839, jour de cette adjudication, au 31 décembre 1856, la somme de 2,833,812 francs de bénéfices.

On voulut dans cette affaire une manœuvre préparée d'avance.

Le 4 mars de cette année, de nouvelles élections générales avaient eu lieu. Cette fois son élection fut annulée par ce motif : « Qu'il ne justifiait pas suffisamment qu'il fût Français », et il échoua dans sa réélection.

En 1842, il fut élu à Bourganeuf et à Castel-Sarrazin, cette fois la Chambre l'admet à une grande majorité. Cette même année il fut nommé chevalier de la Legion d'Honneur.

Depuis 1834, il avait été huit fois réélu ; il resta jusqu'en 1847 dans ce *juste milieu* si justement décrié et ridiculisé, tout le temps du règne de Louis-Philippe.

En 1847, il passa à l'opposition, sans se fixer spécialement dans aucun groupe. Traduit devant la cour de Paris pour avoir insulté le ministère, il fut acquitté ; le 7 février, il démissionna, le 24 au matin, il pénétrait aux Tuileries et faisait remettre au roi une note dans laquelle il demandait son abdication et la régence de la duchesse d'Orléans.

Repoussé aux élections de la Constituante, M. de Girardin représenta le Bas-Rhin à la Législative.

Il a combattu M. Guizot et le gouvernement provisoire, la réaction, et la République. Il fut l'adversaire du général Cavaignac, qui l'avait arrêté après les journées de Juin. Un des premiers, il posa, par tous les moyens, la candidature de Louis-Napoléon, se retourna contre lui et le harcela à outrance dans les rangs des révolutionnaires et des socialistes. C'est le plus changeant de tous les hommes d'Etat de ce siècle.

Expulsé de France après le coup d'Etat, M. de Girardin revint plus tard et reprit la direction de son journal, qu'il quitta en 1856, pour le reprendre en 1862 et en sortir de nouveau en 1866.

Il passa à la *Liberté*, où un article le fit condamner à 5,000 francs d'amende.

Aidé par Clément Duvernois, M. de Girardin fit, en 1868, une longue campagne pour que la France déclarât la guerre à l'Allemagne. En 1869, il se prononça contre la souscription Baudin.

Lors de la chute de M. Rouher, il demanda au pouvoir de donner, sans restriction, toutes les libertés confisquées en 1851. Partisan de M. Haussmann, il demanda pour lui le portefeuille des travaux publics.

Ami de M. Emile Ollivier, il contribua à son avènement au pouvoir, devint tout à fait impérialiste et fut un des plus chauds partisans du plébiscite.

Un décret non publié, contresigné Émile Ollivier, en date du 27 juillet 1870, et retrouvé dans les papiers des Tuileries après la révolution du 4 Septembre, élevait M. de Girardin à la dignité de sénateur, en considération « des services qu'il avait rendus comme publiciste. »

Lors de la candidature du prince de Hohenzollern au trône d'Espagne, M. Emile de Girardin contribua à nous lancer dans la plus désastreuse des entreprises.

En septembre, il fit des offres de service au gouvernement de la Défense nationale ; il fut refusé ; de là sa rancune.

Il alla de ville en ville essayant de fonder des journaux sans pouvoir réussir à attirer les lecteurs.

Pendant la Commune il fit paraître l'*Union française*, journal quotidien qui dura peu et dans lequel il émit l'idée de partager la France en quinze groupes fédératifs.

En 1872, M. de Girardin devint acquéreur du *Journal officiel*, et l'année suivante, avec MM. Gobin et Genty, le *Petit journal*, dont la situation était alors précaire, et auquel il rendit bientôt son ancienne situation florissante.

Puis en 1874, il prit la direction de la *France*. Mais le public avait perdu confiance en ce journaliste qu'un romancier a si bien dépeint sous le nom de M. de *Girouettin*.

La *France* n'avait aucune autorité lorsque éclata le coup extra-parlementaire du 16 mai 1877, qui portait au pouvoir MM. de Broglie et Fourtou; M. de Girardin retrouva ses anciennes qualités de diplomate et mena une campagne brillante contre la réaction.

Il rendit un véritable service à la République en cette circonstance en la défendant dans le *Petit journal* et la *France*. Le gouvernement essaya même d'arracher de ses mains la direction du *Petit journal*, mais M. de Girardin, prévenu à temps, put déjouer cette intrigue.

La cause républicaine doit-elle savoir gré au journaliste du concours qu'il lui a apporté? Dans tous les cas, M. de Girardin n'eut pas à s'en repentir, car le *Petit journal*, qui tirait à 242,000, monta rapidement à 500,000, et la *France* dont le tirage était insignifiant arriva bientôt à près de 100,000.

Quoi qu'il en soit, les républicains se montrèrent reconnaissants, et M. de Girardin fut élu député en remplacement de M. Thiers dans le IXe arrondissement de Paris.

Comme directeur de journaux, M. de Girardin n'était pas généreux, il payait peu, s'entourait de rédacteurs ardents au travail, mais d'un talent fort ordinaire, il détestait les collaborateurs à succès qui pouvaient nuire à sa réputation d'écrivain.

.*.

M. de Girardin avait perdu sa mère le 6 décembre 1851, sa belle-mère le 5 mars 1852, sa femme le 23 juin 1855 et son père le 7 août, même année. L'isolement pesait à cette nature énergique. Il crut devoir, le 31 octobre 1856, à l'âge de cinquante ans, épouser une jeune fille de vingt ans, Mlle Mina Brunold de Tieffenbach, fille de la comtesse de Tieffenbach, et, dit-on, du prince Frédéric de Nassau.

Comme il arrive presque toujours en pareil cas, ce second mariage ne fut pas heureux. Après la guerre de 1870, M. de Girardin intenta à sa femme un procès en désaveu de paternité, il eut gain de cause et la séparation de corps fut prononcée en 1872 par le tribunal civil de la Seine.

En dehors de ses mariages M. de Girardin a deux enfants, M. Alexandre de Girardin, qui a été autorisé par décret à porter son nom, et une fille non reconnue mais avouée.

.*.

M. de Girardin a écrit un très grand nombre de livres et de brochures qu'il est impossible de citer ici. Signalons seulement son plus important ouvrage *Questions de mon temps* (1836 à 1856) 12 volumes in-8. C'est un vaste recueil où sont réunis ses principaux articles et qu'il fit imprimer en 1858 pour occuper ses typographes pendant une suspension de *la Presse*.

.*.

M. de Girardin a voulu aussi essayer du théâtre. Le 29 avril 1865 fut joué à la Comédie-Française *le Supplice d'une femme*, drame anonyme qui obtint quelque succès. Le manuscrit primitif apporté par M. de Girardin, avait été presque complètement modifié par M. Alex. Dumas fils. Ce drame donna lieu entre les deux auteurs à de curieux débats dont le public s'amusa fort.

Voici une épigramme contre M. de Girardin cueillie dans un petit journal :

Mais Barbe-Bleu, épouvantail des femmes;
    Était plus fort que toi, mon cher auteur,
    Il fit, sans collaborateur,
        Le supplice de plusieurs femmes.
Ah! bien t'en prend d'être un mari parfait!
    Si tu n'avais été bon pour ces dames,
        On t'accuserait d'avoir fait
    Seul, le supplice de deux femmes.

M. de Girardin voulut prendre sa revanche, il fit représenter au Vaudeville *les Deux Sœurs*, expressément annoncé comme étant de lui seul. Ce second drame eut une chute retentissante malgré les efforts des amis de l'auteur et des réclames, de toutes sortes parmi lesquelles j'ai conservé celle-ci qui me paraît assez audacieuse quand il s'agit de l'auteur des *Deux Sœurs* :

« ... Le sujet est la fidélité dans le mariage, fidélité hors de laquelle *il n'y a que complication inextricable des situations et avilissement inévitable des caractères* » (oh!)

Outre ces deux tentatives dramatiques, éditées avec luxe, M. de Girardin a fait imprimer un certain nombre de pièces non représentées : *la Fille du millionnaire* (1858); *le Mariage d'honneur* (1866); *le Malheur d'être belle* (1866); *les Hommes sont ce que les femmes les font* (1866); *les Trois Amants* (1872); *Une heure d'oubli* (1873).

.*.

Tout le monde connaît les tristes et continuelles palinodies du publiciste, pendant ces trente dernières années. Girardin pour qui «les hommes étaient des atouts » a toujours été au service de « l'homme du moment ». C'est ainsi qu'on l'a vu successivement partisan acharné de la présidence de Louis-Napoléon, Plon-plonien, Rouhériste, Ollivériste, Thiériste et enfin Gambettiste. Malgré tous ses changements il poursuivait une idée fixe, celle d'être toujours du côté du plus fort.

On se souvient de ses démêlés récents avec MM. Rochefort et Laisant à propos de l'affaire de Cissey-Kaulla. Il essaya encore de lutter, mais il avait affaire à forte partie; après quelques articles d'une violence inouïe qui cachait la faiblesse du raisonnement, il lâcha pied et s'en alla passer quelque temps à San-Remo; telle était la force de ses convictions qu'il voulut abandonner le parti républicain en haine de ses adversaires.

M. de Girardin avait réuni les affaires dont il était le promoteur sous une seule administration qu'on appelle la *Banque Nationale* et dont il était le président.

On évalue sa fortune à plus de dix millions, mais la liquidation de sa succession donnera probablement lieu à plus d'une difficulté. Le jour même de sa mort (23 avril) commençaient devant la première chambre du tribunal civil de la Seine les débats d'un gros procès en revendication, intenté par les actionnaires du chemin de fer de la Vendée au conseil d'administration. M. de Girardin figurait parmi les membres de ce conseil auquel on reproche diverses fautes, et, d'après la jurisprudence adoptée récemment par la cour à propos des *Huttrières du Morbihan*, les administrateurs pourraient bien être déclarés responsables.

Je m'arrête ici, j'ai examiné d'une façon aussi complète que possible la vie de cet homme qui a été mêlé à tous les événements de notre époque; je l'ai jugé mort comme je l'eusse fait vivant, montrant sans parti pris le travailleur infatigable et le politique sans scrupules.

L'histoire sera sévère à juste titre pour ce « remueur d'idées » pour ce « brasseur d'affaires », qui n'envisagea jamais que le succès et la richesse.

Peut-être aussi Émile de Girardin sera-t-il vite oublié, car en réalité il n'a rien produit d'utile, et par conséquent de durable. Cet homme, doué d'un talent incontestable et d'une grande puissance de conception, aurait dû rendre d'immenses services à son pays; il s'est perpétuellement fourvoyé par excès d'orgueil et par manque absolu de probité politique.

Paris, 27, rue La Pérouse
Champs-Élysées

Avril 1881.

A. CAREL

BIOGRAPHIES CONTEMPORAINES

CHARLES MONSELET

N a souvent comparé Charles Monselet à ces abbés du XVIII° siècle qu'il a lui-même si finement décrits dans son petit livre : *les Abbés galants*. Et, de fait, avec ses petites jambes, son ventre rebondi, ses mains potelées, sa figure grassouillette et glabre, ses petits yeux perçants et vifs, même à travers ses lunettes, ses lèvres fines et sensuelles et son rictus spirituel et caustique, il représente, au physique s'entend, admirablement le type, — complètement disparu de nos jours, — de ces gens appartenant peu ou prou à l'église romaine, mais protégés par elle, et dont la seule occupation consistait à flatter les grands, à faire bonne chère, à réciter des madrigaux et à courtiser les femmes. Grandes dames ou filles de joie, peu importait du reste à ces joyeux viveurs.

Eh bien! au lieu du prosaïque costume d'aujourd'hui, revêtez, en imagination, Monselet du petit collet, avec des culottes courtes et des souliers à boucles d'argent, mettez lui un jabot et des manchettes de dentelles et vous aurez un portrait parfaitement réussi de l'abbé de cour. — J'oubliais la boîte de tabac d'Espagne, prétexte à secouer élégamment le jabot.

∴

Charles Monselet, après avoir, dans sa *Lorgnette littéraire* et ailleurs, fait tant de portraits lestement esquissés, a écrit en quatrains une autobiographie. Ces quatrains vont nous servir de jalons et, avec quelques commentaires, l'étude sera complète :

> On m'a demandé, l'autre jour,
> Dix lignes de biographie
> Au bas de ma photographie;
> Le vilain mot! le vilain tour?

Par « vilain mot » Monselet entend la photographie. C'est en effet vulgaire, un portrait photographié. Rien d'artistique dans cette image reproduisant exactement les traits mis devant l'objectif : cet objectif, fût-il manié par Carjat lui-même, n'arrivera jamais à rendre le jeu de physionomie du modèle.

Ce que Monselet regrette, c'est la miniature, ce sont ces admirables petits portraits du XVIIIe siècle, si recherchés aujourd'hui. Et, par ma foi, il a bien raison au point de vue du goût; mais la photographie a du bon cependant, tout le monde peut offrir son portrait à ses amis, tandis qu'autrefois les grands seigneurs pouvaient seuls se payer cette fantaisie.

Quant au « vilain tour », qui consiste à demander au poète quelques notes biographiques, Monselet a voulu rire. Il sait très bien, lui qui a tracé tant de portraits de morts ou de vivants, à quel point le public est curieux de connaître la vie d'un homme célèbre, qui a su attirer l'attention, soit par son talent, soit par son esprit; et, sous ce dernier rapport, Monselet n'a rien à envier à personne.

> Les voici : La ville de Nantes,
> A qui je n'en saurais vouloir
> M'a vu naître, sans s'émouvoir
> De mes qualités étonnantes.

« Cet accident naturel de quitter le sein de sa mère », comme dit George Sand, arriva à Charles Monselet le 30 avril 1825.

Il ne saurait en vouloir en effet à la ville de Nantes; mais, nous autres, nous devons savoir gré à cette ville d'avoir donné le jour à un écrivain très original, très spirituel et très amusant. Du reste, la ville de Nantes ne peut s'attribuer qu'une partie de la renommée acquise par Monselet, car celui-ci était encore tout jeune lorsque sa famille alla s'établir à Bordeaux, et c'est là que Charles acheva ses études; sa ville natale n'a donc pas eu le temps de s'émouvoir des *qualités étonnantes* qui ne se développèrent que beaucoup plus tard.

Nantes, Bordeaux peuvent donc tous les deux revendiquer Charles Monselet comme leur compatriote : voilà pourquoi l'écrivain est également bien accueilli par les *Pommiers* et par les *Cigaliers*.

> Et puis, je suis devenu grand,
> J'ai, sans paraître téméraire,
> Juste la taille militaire;
> Mais en largeur, c'est différent.

Oh! oh! sans paraître téméraire est joli. Aujourd'hui qu'on a considérablement diminué le nombre de centimètres nécessaires pour avoir la taille de soldat, il est possible que Monselet arrive tout juste à cette taille, mais avant cette diminution?... Quant à sa largeur, il l'a dépeinte lui-même, il est « gros comme Balzac. »

> Mon histoire est assez banale,
> Car c'est l'histoire de tous ceux
> Qui prennent pour la capitale
> Un passeport de paresseux.

Cette épithète de paresseux ne peut certes pas tre attribuée à Monselet, car peu d'écrivains ont plus produit que lui. Il est vrai qu'il a le travail excessivement facile, mais cela n'empêche pas qu'il faut se donner énormément de peine pour arriver à produire tant de choses diverses : articles de journaux, poésies, pièces de théâtre, livres, etc.

Monselet arriva à Paris en 1846. Il avait déjà publié dans le *Courrier de la Gironde* quelques articles, composé un gracieux volume de vers : *Marie et Ferdinand* (Bordeaux, 1843) et fait jouer en collaboration avec M. Richard Lesclide, deux parodies où perçait déjà l'esprit caustique du malin poète : *Lucrèce ou la femme sauvage*, parodie en un acte en vers de la tragédie de Ponsard (1844); *les Trois gendarmes*, parodie des *Trois Mousquetaires* (1844) et *Un carreau brisé*, vaudeville en un acte (1844), sans collaborateur, cette fois.

Mais tout cela constituait un bien mince bagage et ne suffisait pas pour établir sa réputation à Paris. Aussi se trouva-t-il assez désemparé, dans les premiers jours, mais il trouva un moyen très original de se procurer l'entrée d'un journal fort célèbre à cette époque :

Un matin, M. Arsène Houssaye reçut une lettre ainsi conçue :

« Monsieur,

« Je suis venu, il y a trois semaines, de Bordeaux à Paris pour chercher la Gloire. J'ai beaucoup marché, beaucoup regardé, beaucoup questionné. Je n'ai rencontré la Gloire nulle part, et, si vous ne me donnez tantôt une lettre de recommandation pour le rédacteur en chef de *l'Artiste*, je m'en retournerai de Paris à Bordeaux, sans l'avoir trouvée.

« Agréez, etc.

« CHARLES MONSELET. »

A cette missive, M. Arsène Houssaye sourit. Il prit la plume à son tour, et renvoya la lettre suivante à Charles Monselet :

A Monsieur Arsène Houssaye, rédacteur en chef de l'ARTISTE.

« Cher ami,

« Tu serais vraiment bien aimable d'accueillir favorablement la personne qui te remettra cette lettre, M. Charles Monselet, de Bordeaux, un garçon d'esprit, comme tu pourras en juger promptement.

« Cordialement crois-moi ton fidèle

« ARSÈNE HOUSSAYE. »

Et, le lendemain, Charles Monselet remettait à Arsène Houssaye la lettre d'Arsène Houssaye. De son entrée à *l'Artiste* date le commencement de sa réputation. Dès lors, il n'eut plus qu'à choisir. Il fournit un grand nombre d'articles de littérature ou de critique à *l'Époque*, à la *Patrie*, au *Pays*, à l'*Assemblée nationale*, à *l'Athenœum français*, à la *Revue de Paris*, au *Monde illustré* — il fut chargé de la critique théâtrale qu'il a conservée jusqu'à l'année dernière, époque où il a passé la main à son fils aîné, — au *Figaro* bi-hebdomadaire, à l'*Événement*, etc.

> L'amour m'a touché de son aile
> A l'heure ordinaire, et j'ai su
> Comme on triomphe d'une « belle, »
> Et comme on l'aime — à son insu.

Nous n'avons rien à ajouter à cet aveu de M. de Cupidon. Nous nous bornerons à raconter une anecdote amusante, qui remonte au temps de ces folles amours et qui fit assez de bruit dans le monde des gens de lettres.

A la suite d'une discussion occasionnée par des articles de Monselet, M. de Foy, le célèbre fabricant de mariages, envoya au journaliste une carte de provocation qui a été conservée; la voici *recto* et *verso*.

Le temps *des rançons* et *des déjeuners* est passé !

DE FOY.

Paris, le 6 novembre 1854.

Vous êtes un vil imposteur et j'ajouterai, moi, un lâche calomniateur !

Vos armes, — votre jour, — le lieu et l'heure !

J'y serai ponctuellement avec mes témoins.

DE FOY.

M. Monselet fit une réponse à rapprocher du fameux « Qu'il mourût ! »

«Vous m'embêtez! je ne veux pas me marier!

CH. MONSELET. »

> J'aurais pu souffrir davantage
> Mais, de bonne heure, plein d'orgueil
> J'eus toujours le rare courage
> De cacher les pleurs de mon œil.

Comme tant d'autres hommes de lettres, Monselet connut en effet de mauvais jours, mais il conservait sa belle humeur, tout au moins en apparence, et se vengeait des tracasseries de MM. les huissiers en écrivant des pièces épouriffantes de verve comme, par exemple, cette œuvre de vengeance intitulée : *les Créanciers*. Ce qui le peinait surtout, c'était d'être forcé de *laver* ses livres qu'il aime tant.

Les auteurs et les éditeurs savaient bien que c'était par nécessité, aussi ne lui en voulaient-ils pas.

J'ai vu sur un bel exemplaire destiné à notre poète cette dédicace fantaisiste :

A mon très cher ami Charles Monselet pour une de ses ventes... avant décès!

Jamais l'originalité n'abandonna un seul jour l'écrivain, même à cette époque que Dickens a appelée *les temps difficiles*.

Un jour il lui prit fantaisie de louer une boutique. Il était fatigué de grimper au cinquième.

En se promenant mélancoliquement le long du canal Saint-Martin, il trouva ce qu'il désirait; après bien des pourparlers, il parvint à s'entendre avec le concierge et s'installa dans la boutique, — une petite boutique bien proprette, — dans laquelle il apporta sa table à écrire.

Tous les matins, il ouvrait ses volets et faisait lui-même son ménage. Ses voisins attendaient avec anxiété l'arrivée des marchandises qui devaient garnir la boutique.

Ne voyant rien venir, ils interrogeaient curieusement le concierge qui ne savait quoi répondre.

Un beau jour, n'y pouvant plus tenir, il arriva dans la boutique où il avait ses petites et grandes entrées comme le soleil.

Mais je laisse la parole à Monselet lui-même qui raconte d'une façon humoristique cette entrevue :

« Le concierge regardait autour de lui en soupirant :

« — Qu'avez-vous, monsieur Brucolaque ? lui demandai-je.

« — Je pense qu'on pourrait établir un joli dépôt ici.

« — Un dépôt de quoi ?

« — De la première denrée venue.. de pruneaux, par exemple.

« — De pruneaux ?

« — Ou de sangsues... Oh ! je n'ai pas de préférence.

« — Ni moi non plus, j'y songerai, monsieur Brucolaque. »

« Une autre fois il me dit en grattant son front soucieux :

« — J'ai une idée.

« — Cela ne m'étonne pas, répondis-je, voyons votre idée ?

« — Pourquoi ne vous feriez-vous pas blanchisseur.

« — Hein ?

« — Oui, blanchisseur. Les frais d'agencement ne coûtent presque rien : de l'eau, du feu, deux ou trois baquets, quelques fers à repasser. Le quartier vous fournirait de petites apprenties.

« — Ah ! le quartier me fournirait...

« — Certainement ; vous aurez, pour commencer, la pratique de toute la maison... et la mienne.

« — Je vous blanchirais, monsieur Brucolaque.

« — Moi et bien d'autres. Je salis beaucoup. Examinez cette idée...

« — Je l'examinerai certainement.

« — Un garçon comme vous ne peut pas toujours rester à rien faire.

« — Mais je travaille beaucoup, monsieur Brucolaque.

« — Ta ! ta ! ta ! des écritures cela ne mène pas loin. Voyons, quand me rendrez-vous réponse ?

« — Il faut que je consulte ma famille. On ne se fait pas comme cela blanchisseur du jour au lendemain... »

« Il me quitta en hochant sa tête de concierge.

« A partir de ce jour, je compris que j'aurais quelque peine à me maintenir dans ma boutique.

« Peu de temps après, en effet, le propriétaire me signifia mon congé — sous prétexte que je faisais remarquer la maison. »

* *

Le principal étant de vivre,
Fidèle au : « Tel père, tel fils, »
Ma ressource devint le livre ;
Mon père en vendait, — moi j'en fis.

Il en fit même en si grand nombre qu'il aurait pu alimenter à lui seul la boutique paternelle. Voici, pour les collectionneurs et les bibliophiles, la liste aussi exacte que faire se peut des ouvrages de Charles Monselet.

Les Ruines de Paris (1847) ; *les Chemises rouges* (1848) ; *Histoire du tribunal révolutionnaire* (1850) ; *Statues et Statuettes contemporaines* (1851) ; *Rétif de la Bretonne* (1854) ; *les Vignes du Seigneur* (1854) ; *la Lorgnette littéraire* (1857) ; *les Oubliés et les Dédaignés* (1857), cet ouvrage a été réimprimé, en 1863, sous le titre de : *les Originaux du siècle dernier* et en 1876 sous celui de : *les Ressuscités ; la Franc-Maçonnerie des Femmes* (1858), *Monsieur de Cupidon* (1858) ; *les Tréteaux de Charles Monselet* (1859) ; *Théâtre du Figaro* (1862). Ces deux derniers volumes sont composés d'articles publiés dans le *Figaro ; l'Argent maudit* (1862) ; *les Galanteries du* xviiie *siècle* (1862) ; *les Femmes qui font des scènes* (1864) ; *Fréron ou l'illustre critique* (1864) ; *le Plaisir et l'Amour*, poésies (1865) ; *de Montmartre à Séville* (1865), réimprimé en 1874, sous le titre de : *les Souliers de Sterne ; Almanach du Gourmand* (1835-1870), très curieuse et très amusante publication malheureusement interrompue par la guerre, il est fort regrettable que l'auteur ne l'ait pas continuée depuis lors ; *Portraits après décès* (1866) ; *la Fin de l'Orgie* (1866) ; *François Soleil* (1866) ; *les Premières représentations célèbres* (1867) ; *les Frères Chantemesse* (1872) ; *Champvallon, histoire d'un souffleur de la Comédie-Française* (1872) ; *Gastronomie* (1873) ; *les Marges du Code* (1873) ; *les Amours du temps passé* (1875) ; *les Années de gaieté* (1875) ; *Scènes de la vie cruelle* (1876) ; *Lettres gourmandes* (1877) ; *Panier fleuri*, prose et vers, (1878) ; *Une troupe de comédiens* (1879) ; *le Petit Paris* (1880).

Signalons encore, pour être aussi complet que possible, un petit volume in-32 édité à Bordeaux en 1855 : *Bordeaux artiste*.

Outre les trois pièces citées plus haut, Monselet a donné au théâtre : *Venez, je m'ennuie*, comédie en 1 acte jouée à Bade ; *les Femmes qui font des scènes*, 3 actes avec M. Alph. Lemonnier (1872). *L'Ilote*, comédie en un acte, en vers, avec Paul Arène, jouée à la Comédie-Française. Dans cette petite pièce, les deux auteurs sont arrivés au comble de la fantaisie, en obligeant les graves sociétaires à danser en scène : *la Revue sans titre*, 2 actes (Variétés, 1875). De plus, Monselet a adapté pour l'Opéra-Comique : *Les Surprises de l'Amour*, de Marivaux, et *l'Amour-Médecin* de Molière ; ces deux pièces *rajeunies* ont obtenu le plus franc succès.

Malgré tout l'esprit déployé par Charles Monselet, comme poète, critique, biographe, romancier, bibliographe et journaliste, — journaliste surtout, — il ne fut, pendant de longues années, apprécié et goûté que par ses pairs, les lettrés, sans pouvoir atteindre à une grande notoriété. Il n'a jamais eu de ces coups de fortune littéraire qu'on obtient surtout avec des *pétards* comme *Fanny*, *Madame Bovary*, *l'Assommoir* ou *Nana*, et qui forcent, le scandale aidant, l'attention publique.

Il fallut, pour poser définitivement notre écrivain, un grand et remarquable article du critique Sainte-Beuve, publié le 24 avril 1865 dans le *Constitutionnel*.

Cet article valut au poète, qu'on avait tant de peine à « tenir dans le rang, » la croix de chevalier de la Légion d'honneur, dont on le bombarda le 15 août de la même année.

* *

Ma verve fut vite étouffée
Sous le journal, rude fardeau,
La servante chassa la fée,
L'article tua le rondeau.

Le journalisme, en effet, est l'ennemi de la poésie, je veux dire surtout le journalisme politique et quotidien. Monselet ne fait point de politique, lui ; aussi, quoi qu'il en dise, *la fée chassée* par la servante revient souvent le visiter et *l'article* a si peu tué le *rondeau* que dernièrement encore, dans l'*Amour Médecin*, le poète en a intercalé des rondeaux, et des meilleurs.

* *

Quinze ans d'un pareil exercice
Ne m'ont laissé que la malice.
Je suis par la prose envahi,
D'autres disent : — et par l'aï.

Ah ! oui, l'aï, parlons-en un peu, car c'est là le péché mignon de Monselet. S'il lui *faut à son dîner de l'aï sur les fraises*, il lui faut aussi quelque chose de plus réconfortant. L'aimable écrivain est passé maître en gastronomie, ses arrêts font autorité. Il sait les restaurants où l'on *mange*, et c'est une recommandation pour les maisons où Monselet daigne aller se nourrir. Gai convive et aimable compagnon, chacun se dispute le plaisir de l'avoir à sa table.

Il a beaucoup écrit sur la matière : *la Cuisinière poétique*, *la Gastronomie*, *l'Almanach du Gourmand*, (déjà cité) etc. En 1857, il fonda le *Gourmand*, journal hebdomadaire qui dura malheureusement peu de temps.

De plus, il a semé de ci, de là, une foule de sonnets, d'odes, et diverses autres pièces gourmandes qui font venir l'eau à la bouche.

Nous nous contenterons d'en citer deux, un sonnet très connu et une ode presque ignorée.

LE COCHON

Car tout est bon en toi : chair, graisse, muscle, tripe
On t'aime galantine, on t'adore boudin ;
Ton pied dont une sainte a consacré le type,
Empruntant son arome au sol périgourdin

Eût réconcilié Socrate avec Xantippe !
Ton filet, embelli du cornichon badin,
Forme le déjeuner de l'humble citadin,
Et tu passes avant l'oie au frère Philippe.

Mérites précieux et de tous reconnus !
Morceaux marqués d'avance, innombrables, charnus !
Philosophe indolent, qui mange et que l'on mange,

Comme dans notre orgueil, nous sommes bien venus
A vouloir, n'est-ce pas, te reprocher ta fange,
Adorable cochon, animal-roi, — cher ange !

ODE AU SAUCISSON D'ARLES

Provision fort utile
Sans cesse et dans tous les temps,
Indispensable à la ville
Aussi bien que pour les champs.

Si chez vous il se présente
Un convive inattendu,
La ménagère prudente
N'est pas prise au dépourvu.

Et si, dans l'huile épurée,
Vous voulez les tenir frais,
Sur la partie entamée
Ils ne ranciront jamais !

Mais combien ont plus de charmes
Ceux qui sont à deux boyaux !
Car ils font couler des larmes
Sur la lame des couteaux !

Du reste, Monselet est le premier à rire quand on l'attaque sur sa gourmandise.

Pendant un de ses séjours annuels à Monte-Carlo, il alla visiter la poterie artistique fondée par Mme Blanc . Invité à mettre quelques lignes de son écriture sur un plat préparé à cet usage, il crayonna en deux ou trois traits son profil et, au-dessous, il écrivit ce quatrain.

> Tu t'étonnes qu'en ce portrait
> Autant de calme se reflète :
> Je vais t'en dire le secret :
> C'est que je suis dans mon assiette.

Cette curieuse assiette figurait à l'exposition universelle de 1878 dans le pavillon de Monaco. Il provoque lui-même la plaisanterie, à preuve ses *dernières volontés* adressées au noir Victor Cochinat :

> Verse sur ma mémoire chère
> Quelques larmes de chambertin.
> Et sur ma tombe solitaire
> Plante des saules… au gratin.

Lorsqu'à ma dernière demeure
Me conduira la France en deuil,
O Cochinat, suis mon cercueil…
On croira voir une truffe qui pleure…

Peut-on trouver quelque chose de plus spirituel ?

> Entre les noms dont se contente
> Avec grand'peine maint rimeur,
> Il n'en est qu'un seul qui me tente :
> Poète de la bonne humeur.

Monselet peut être satisfait ; ce titre lui a été décerné par tous les gens d'esprit, mais principalement par ceux qui ont eu le loisir de lire le *Parnasse satirique du xix⁰ siècle*, trois curieux volumes publiés en Belgique et qu'il est bien difficile de se procurer en France. Monselet n'a fourni à ce recueil des pièces bien amusantes mais qu'il est impossible de citer. Là, il montre réellement de « la bonne humeur. »

> Cela me suffit. Desbarolle
> A lu dans ma main, cet été,
> Quatre-vingt dix ans de gaîté ;
> Je veux l'en croire sur parole.

Et nous aussi, car Charles Monselet est loin d'avoir dit son dernier mot, et les lecteurs de l'*Événement* ne sauraient se consoler s'ils étaient privés des amusantes chroniques d'un de leurs écrivains favoris.

A. CAREL.

Mars 1881

Monte-Carlo

Mon cher monsieur Carel, vous devez être furieux contre moi. Je suis parti, vous oubliant. Et voilà qu'aujourd'hui votre souvenir se dresse comme un remords. Est-il temps encore pour un autographe ! A tout hasard, je vous adresse le *Sonnet de l'Asperge* ; faites en ce que vous voudrez, même rien du tout.

Votre confrère couvert de confusion

Charles Monselet

Le Sonnet de l'Asperge

Oui, faisons-lui fête :
Légume prudent,
C'est la note honnête
D'un festin ardent.

J'aime que sa tête
Croque sous la dent…..
Pas trop cependant !
Énorme, elle est bête.

Fluette, il lui faut
Plier ce défaut
Au rôle d'adjointe

Et souffrir, mêlé
Au vert de sa pointe,
L'or de l'œuf brouillé.

Charles Monselet

CAPIOMONT aîné, **CALVET** et C⁰, éditeurs, **10**, rue Git-le-Cœur, **Paris**.

SCEAUX, IMP. CHARAIRE ET FILS.

BIOGRAPHIES CONTEMPORAINES

VICTOR HUGO

Apprécier d'une façon complète dans une rapide étude « ce géant de la pensée, ce sculpteur d'idées » est une tâche absolument impossible; quand il faudrait plusieurs volumes, je n'ai que quelques lignes à ma disposition.

Mais il faut quand même, lorsqu'un peuple tout entier se lève pour rendre un solennel hommage au plus grand poète du siècle, dire un mot dans notre recueil sur le héros de la fête. Nous allons donc étudier, aussi brièvement que possible, l'homme et l'œuvre.

Il y a déjà bien longtemps, Victor Hugo écrivait :

Ce siècle avait deux ans, Rome remplaçait Sparte;
Déjà Napoléon perçait sous Bonaparte,
Et du premier consul, déjà, par maint endroit,
Le front de l'empereur brisait le masque étroit.

Alors dans Besançon, vieille ville espagnole,
Jeté comme la graine au gré de l'air qui vole,
Naquit d'un sang breton et lorrain à la fois,
Un enfant sans couleur, sans regard et sans voix.

Ces vers si connus et si souvent cités en disent beaucoup dans leur concision, mais ils ont cependant besoin de quelques commentaires.

Ce fut le 26 février 1802 que naquit à Besançon, Victor-Marie Hugo. Son père appartenait à une famille lorraine anoblie vers le milieu du xvie siècle, si bien que l'auteur des *Misérables* est un comte très authentique, ce que ne manquent jamais de faire ressortir l'almanach Didot-Bottin et les documents officiels. « Le comte Victor Hugo, » cela a l'air d'une plaisanterie.

Son père, volontaire sous la République, se distingua par sa bravoure et devint général de l'empire, à la suite de brillants faits d'armes.

Sa mère était une vendéenne militante — une *chouanne* — traquée dans le Bocage avec Mmes de Larochejaquelein et de Bonchamp.

De là ces deux prénoms, Victor-Marie, le premier donné à l'enfant par le soldat *victorieux*, le second exigé par la mère dévote.

Victor Hugo se ressentit longtemps de cette double origine. Ses premières œuvres sont empreintes d'un mysticisme religieux et d'un royalisme ardent dont il ne s'est affranchi que beaucoup plus tard.

Longtemps aussi, il fut enthousiasmé de ce qu'on appelait l'épopée impériale et il ne fallut rien moins pour lui faire abandonner — je ne dis pas briser — son idole que les crimes et les hontes du second empire.

L'enfant suivit avec ses parents les armées impériales ; il habita l'Espagne et l'Italie où son père était gouverneur d'une province. Il revint à Paris en 1809 ; le ciel bleu du Midi avait laissé une profonde empreinte dans son imagination enfantine.

Il commença ses études sous la direction du général Lahorie, compromis dans la conspiration du général Malet. Il resta deux ans dans la paisible retraite du couvent des Feuillantines. C'est là qu'il connut Mlle Foucher, qui devait être un jour sa femme.

Le général Lahorie fut trahi, arrêté, et mis à mort par le gouvernement impérial. Ce fut une grande douleur pour l'enfant dont la précoce intelligence s'était ouverte sous l'habile direction de son malheureux professeur. A dix ans il faisait des vers et traduisait Tacite à livre ouvert.

Son père le fit venir en Espagne, en 1814 ; il resta pendant un an au séminaire des nobles, et l'année suivante il vint reprendre à Paris la douce vie de famille. Cela dura trois ans. Aux Cent-jours, le jeune Victor fut placé avec son frère Eugène dans une école préparatoire à l'école polytechnique. Le général Hugo destinait ses deux fils à l'état militaire !

Victor se mit aux mathématiques sans cependant abandonner la poésie. De cette époque, datent une tragédie et deux pièces lyriques pleines de promesses. En 1817, il concourut pour le prix proposé par l'Académie française. Le sujet était *les Avantages de l'étude*. Il avait eu soin d'indiquer qu'il n'avait que quinze ans ; les académiciens crurent à une mystification et ne lui accordèrent qu'une mention honorable.

De 1819 à 1822, il envoya trois pièces au concours des jeux floraux de Toulouse : *Les Vierges de Verdun*, le *Rétablissement de la statue d'Henri IV*, et *Moïse sur le Nil*, il obtint trois fois le prix et fut proclamé maître ès jeux floraux. Ces pièces très remarquables attirèrent l'attention sur le jeune poète ; Chateaubriand l'appela « enfant sublime », et Lamartine reconnut qu'il y avait dans « cet enfant », l'étoffe d'un grand poète.

Ni l'auteur du *Génie du Christianisme*, ni le poète larmoyant des *Méditations* et de *Jocelyn*, ne se doutèrent alors que leur renommée allait bientôt être écrasée par la gloire du nouveau venu.

C'est que *cet enfant sans couleur, sans regard et sans voix* était devenu vite un robuste jeune homme au regard d'aigle et à la voix retentissante.

En 1822, parut le premier volume des *Odes et Ballades*, livre monarchique et religieux, classique par la forme, mais où le romantisme perçait déjà dans l'idée et la richesse des vers.

Cette même année, le poète épousa Mlle Foucher, sa compagne d'enfance.

En 1823, parut *Han d'Islande*, en 1825, *Bug Jargal*, et en 1826, un nouveau volume des *Odes et Ballades*, où se reflétaient déjà les opinions libérales de l'époque, qui commençaient à gagner le jeune royaliste. En 1827, il refusait l'augmentation de sa pension de 3,000 fr., que Charles X voulait porter à 6,000.

En 1827 également, parut *Cromwell* et sa célèbre préface, dans laquelle Hugo arborait crânement l'étendard du romantisme. En 1828, *les Orientales* et *le dernier jour d'un Condamné.*

Marion Delorme fut arrêtée par la censure l'année suivante. Enfin, malgré les récriminations de l'Académie qui porta ses doléances jusque sur les marches du trône, la représentation d'*Hernani* eut lieu à la Comédie-Française ; le 25 février 1830. Ce fut une tempête effroyable, et on en arriva à une véritable lutte à coups de poing. Mais le génie d'Hugo sortit victorieux : le drame avait tué la comédie. Et, après vingt années de suspension forcée, *Hernani* reparaissait triomphant en 1867.

La révolution de 1830 fit faire une évolution nouvelle à Victor Hugo qui embrassa définitivement les idées de liberté et de libre examen.

Sa pièce *Marion Delorme* put enfin être représentée, et obtint un grand succès, malgré le reproche d'immoralité qui lui fut adressé. *Le Roi s'amuse* fut joué le 22 novembre 1832, et interdit le lendemain par ordre ministériel. Hugo protesta et porta même sa plainte devant le tribunal de commerce, qui donna gain de cause au ministère *libéral*. Puis vinrent *Lucrèce Borgia* et *Marie Tudor* (1833), *Angelo* (1835), *Ruy-Blas* (1838), les *Burgraves* (1843).

Notre-Dame de Paris, le brillant roman historique qui avait paru en 1831, reçut un chaleureux accueil du public lettré ; mais la vente en fut cependant difficile, puisque la seconde édition — on ne clichait pas à cette époque, — n'est en réalité que la moitié de la première, à laquelle on avait remis un nouveau titre et une nouvelle couverture.

Parmi ses principales œuvres de cette époque, citons : *les Feuilles d'Automne* (1831,) *les Chants du Crépuscule* (1835), *les Voix Intérieures* (1837), *les Rayons et les Ombres* (1840), *le Rhin* (1842), poétique souvenir de voyage. Chaque volume nouveau ajoutait à la gloire du poète et augmentait la popularité de l'homme.

En 1840, il semblait, et avec raison, qu'il eût atteint l'apogée de son art ; « il écrivait alors ces vers d'une langue irréprochable et pure, et qui s'envolaient en chantant, comme un appel de cor : »

Le chasseur songe dans les bois
A des beautés sur l'herbe assises,
Et dans l'ombre il croit voir parfois
Danser des formes indécises.

Le soldat pense à ses destins
Tout en veillant sur les empires,
Et dans ses souvenirs lointains
Entrevoit de vagues sourires.

Le pâtre attend sous le ciel bleu
L'heure où son étoile paisible
Va s'évanouir, fleur de feu,
Au bout d'une tige invisible.

Regarde-les, regarde encor
Comme la vierge, fille d'Ève,
Jette en courant dans les blés d'or
Sa chanson qui contient son rêve !

Vois errer dans les champs en fleur,
Dos courbé, paupières baissées,
Le poète, cet oiseleur
Qui cherche à prendre des pensées.

Vois sur la mer les matelots
Implorant la terre embaumée,
Lassés de l'écume des flots
Et demandant une fumée ;

Se rappelant, quand le flot noir
Bat les flancs plaintifs du navire,
Les hameaux si joyeux le soir,
Les arbres pleins d'éclats de rire.

Que pourrait-il faire de mieux ? se demandait-on. Son dernier mot n'était pas dit pourtant, on le verra dans la seconde période de sa vie littéraire.

Le 3 juin 1841 Victor Hugo entrait à l'Académie française et prononçait un discours remarquable auquel répondit M. de Salvandy.

En 1843, il voyageait en Espagne, lorsqu'en lisant un journal il apprit l'horrible malheur qui venait de le frapper : sa fille Léopoldine et son gendre Charles Vacquerie s'étaient noyés à Villequier, dans une partie de plaisir. Dire la peine du pauvre père est impossible. On retrouve mainte trace de ce douloureux événement dans les *Contemplations*.

Le 13 août 1845, le poète fut nommé pair de France par Louis Philippe, et peut-être Hugo songeait-il à arriver au pouvoir, quand la révolution de 1848 éclata.

Nommé représentant du peuple par le département de la Seine, ses votes à la Constituante furent très modérés, et ses opinions peu tranchées.

Il n'en fut pas de même à la Législative où les électeurs de la Seine l'avait envoyé le dixième sur vingt-huit.

Il devint un des chefs du parti démocratique et son orateur le plus autorisé. La droite ne lui pardonnait pas ce qu'elle nommait sa défection, et de violents orages accueillaient le tribun lorsqu'il prononçait ses merveilleux discours sur les affaires de Rome, les questions d'enseignement, le timbre des journaux, le suffrage universel etc. Mais la contradiction l'excitait, et jamais il n'arriva à une telle hauteur de vue et d'éloquence que lorsque toute une partie de l'assemblée semblait prête à se ruer sur lui. Il devenait alors sublime et terrassait d'un mot ses adversaires les plus acharnés.

Il avait fondé avec ses fils l'*Evénement* qui fut saisi, condamné et définitivement supprimé : il le remplaça par l'*Avènement*.

Un beau matin le journal ne parut pas et pour cause : *tous les rédacteurs étaient en prison.*

C'est vers cette époque que Victor Hugo défendit devant la cour d'assises son fils poursuivi pour un article contre la peine de mort.

Ce fut un de ses plus beaux triomphes oratoires. Je me souviens de l'effet terrible produit sur les spectateurs par cette apostrophe, lancée directement au président des assises au moment où personne ne s'y attendait :

... « Et derrière votre robe rouge, monsieur le président, je vois apparaître la face livide du bourreau ! »

Le président se retourna instinctivement et pâlit.

Pendant que les républicains combattaient à découvert par la parole ou par la plume, dans l'ombre, le bandit guettait sa proie. Dans la nuit du 2 Décembre, le chef de la République mettait la main sur les représentants du peuple et confisquait toutes les libertés.

En vain Victor Hugo s'efforça avec Baudin — l'héroïque martyr du droit — Schœlcher, Madier de Moutjau, etc, d'organiser la résistance, l'assemblée réactionnaire de 1849 s'était tellement dépopularisée que personne ne voulut se lever pour la défendre!

Victor Hugo fut inscrit sur les premières listes de proscription.

Il se rendit en Belgique. Mais le gouvernement belge prit peur, et craignant que le bandit qui venait d'étrangler la France, ne s'emparât de son petit pays, il eut la lâcheté de faire voter par le parlement cette loi odieuse à laquelle on a donné le nom de son promoteur, *la loi Faider.* Triste renommée attachée au nom de ce procureur général qui eut une si triste fin. Cette loi suspendait une des libertés primordiales de la constitution — la liberté de la presse — et donnait au gouvernement le droit d'expulser les étrangers. Les plus illustres proscrits ne trouvèrent pas grâce devant la pusillanimité des doctrinaires, alors au pouvoir. Louis Blanc fut expulsé un des premiers. On n'osait pas toutefois toucher à Victor Hugo. Il arrivait entouré d'une auréole de gloire qui intimidait ces petits bourgeois parvenus.

Mais bientôt parurent ces livres vengeurs, *Napoléon le Petit* et les *Châtiments*, le plus admirable livre qu'on ait jamais écrit.

Les malheureux ministres belges furent atterrés, ils voyaient déjà les armées du dictateur franchissant la frontière, et ils firent signer au roi Léopold Ier, un arrêté enjoignant au « *nommé* Victor Hugo, homme de lettres, » de quitter le territoire belge (!) dans les vingt-quatre heures.

Oui. Le nommé Léopold — dit le Sage — a signé cela !

Je dois dire, cependant, qu'une grande majorité du peuple belge protesta énergiquement contre la faiblesse du gouvernement, et qu'une imposante manifestation eut lieu lorsque le poète quitta Bruxelles.

Il se rendit à Jersey, d'où il fut chassé en 1855 par le gouvernement anglais, en compagnie de plusieurs autres proscrits, signataires d'une protestation contre un arrêté qui expulsait trois des rédacteurs du journal l'*Homme.*

L'exilé se réfugia à Guernesey où il s'installa avec sa famille dans cette habitation de Hauteville-house, si souvent décrite et où les Français allaient comme en pèlerinage.

On trouvera des détails circonstanciés sur la vie du poète dans un livre anonyme écrit sous son inspiration : *Victor-Hugo raconté par un témoin de sa vie* et attribué non sans raison à Mme Hugo.

Il refusa fièrement de profiter de l'amnistie générale du 15 août 1859. Il revint en Belgique et alla passer quelques mois à Waterloo, où il étudia avec beaucoup de soin le célèbre champ de bataille, puis il vint habiter cette maison de la place des Barricades, bien connue des malheureux et des proscrits. C'est là qu'il corrigea les épreuves de son grand ouvrage en 10 volumes in-8, les *Misérables*, qui fut traduit en dix langues et mis en vente le même jour (3 avril 1862) à Paris, à Londres, à Bruxelles, à Berlin, à Madrid, à Turin, à Saint-Pétersbourg et à New-York. Ce livre attira de nouveau l'attention sur le nom de l'illustre écrivain, car, excepté les *Contemplations* (1856) et la *Légende des Siècles*, 1re partie (1859), aucun ouvrage du maître n'avait pénétré en France depuis de longues années ; une édition populaire illustrée, publiée par Hetzel, s'est vendue à 200,000 exemplaires.

Alors parurent successivement : *les Travailleurs de la mer* (1866), 3 vol. in-8.

C'est dans ce livre qu'au milieu de pages souvent bien difficiles à comprendre pour le commun des lecteurs, se trouve cette admirable définition, si terrible dans sa simplicité, de l'officier et du prêtre : *l'homme qui tue ou l'homme qui ment!*

William Shakspeare, un gros volume anonyme assez indigeste.

Les *Chansons des rues et des bois* (1867), 1 vol. in-8.

L'*Homme qui rit* (1869), 3 vol. in-8.

Ces ouvrages n'ajoutèrent rien à la gloire de l'écrivain.

Enfin l'empire tomba dans la boue et la honte de Sedan. Victor Hugo, aussitôt la République proclamée, s'empressa de rentrer dans son cher Paris qu'il aime tant et dont il a chanté avec de sublimes accents la gloire et les malheurs.

Il vint partager avec nous les misères du siège.

A son arrivée, Victor Hugo fut accueilli avec enthousiasme par la population parisienne dont une grande partie ne le connaissait que par ses œuvres.

Au scrutin du 8 février 1871 pour l'Assemblée nationale, il fut nommé représentant de la Seine, le second sur 43, par 214,169 voix ; il siégea à Bordeaux sur les bancs de l'extrême gauche. Le 8 mars, il donnait sa démission à la suite d'interruptions bruyantes de la majorité réactionnaire. Quelques jours après, son fils Charles mourut emporté par une fièvre cérébrale. L'inhumation eut lieu à Paris le jour même de l'insurrection du 18 mars. Son autre fils François-Victor est mort à Paris, le 26 décembre 1873.

Après la défaite de la Commune, Hugo retourna à Bruxelles. Il protesta dans une lettre publique contre l'attitude du gouvernement belge à l'égard des vaincus, et offrit un asile dans sa maison de la place des Barricades, aux insurgés menacés. Un arrêté royal le força à quitter une seconde fois la Belgique. Assiégé dans sa propre maison, il eut grand'peine à sortir indemne de cette brutale agression fomentée par la police.

Le 30 janvier 1876, Victor Hugo nommé d'abord délégué sénatorial, fut élu sénateur au second tour de scrutin.

Au Sénat, il prit plusieurs fois la parole et surtout en faveur de l'amnistie : on se souvient de l'effet produit par ces éloquentes paroles :

« Messieurs, écoutez la réponse de l'histoire, dit Victor Hugo en finissant : le poteau de Satory, Nouméa, 18,984 condamnés, la déportation simple et murée, le bagne à 5,000 lieues de la patrie, voilà de quelle façon la justice a châtié le 18 mars. Quant au crime du 2 décembre, qu'a fait la justice ? Elle lui a prêté son serment !... Dire qu'il a été impuni serait dérisoire ; il a été glorifié ; il a été, non subi, mais adoré ; il est passé à l'état de crime légal et de forfait inviolable. »

Sa proposition généreuse fut repoussée trois années de suite, et ne fut votée définitivement que l'année dernière.

Victor Hugo a un profond amour de l'humanité : les désespérés, les misérables et les vain-

4

cus — peuples ou individus — sont toujours sûrs de trouver en lui un puissant défenseur.

Qu'il s'agisse de sauver la tête de Barbès ou de Maximilien, de John Brown ou de Rossel, de plaider la cause de la Pologne ou de l'Irlande, le poète trouve des accents émus et qui souvent ne sont pas inutiles.

Quel plus magnifique éloge peut-on faire d'un homme, que ces belles paroles prononcées l'autre jour par Charles Parnell, le jeune et énergique député irlandais, un des chefs de la ligue agraire, qui est venu à Paris pour réclamer l'appui de Victor Hugo :

« Un manifeste de Victor Hugo, c'est, voyez-vous, pour nous autres, plus que l'influence de M. Gambetta, et plus que la puissance de Guillaume de Prusse. Car, eux, ils n'agissent que par la force et pour la force, tandis que Victor Hugo parle au cœur de toute l'humanité ! »

Depuis sa rentrée en France, le poète a publié un grand nombre d'œuvres nouvelles :

Actes et paroles (1872). *La Légende des Siècles* (2e partie). *L'année Terrible* (1872). *Quatre-vingt-treize* (1873). *Avant l'exil*, *Pendant l'exil*, *Après l'exil* (1875). *L'histoire d'un crime :* — (1er vol. Le *Guet-apens*, la *Lutte*, 2e vol. Le *Massacre*, la *Victoire*, la *Chute*) (septembre 1877). *L'art d'être grand-père* (1877), *Le Pape* (1878), *La Pitié suprême* (1879), *Religion et Religions* (1880), *l'Ane* (1880).

Les éditeurs Quantin et Hetzel publient une édition complète et définitive — *ne varietur* — des œuvres de Victor Hugo auquel le maître lui-même apporte tous ses soins.

Tous les rythmes lui sont familiers, et, quand il a épuisé tous ceux employés jusqu'à lui, il en crée de nouveaux. Il en est de même des mots français : quand il n'en existe pas qui rendent exactement sa pensée, il en trouve comme dans ces vers fameux :

. . . . Affreuse compagnonne
Dont la barbe fleurit et dont le nez trognonne.

Jugez de l'effet de ces mots lancés au milieu de la bande des classiques, en pleine Comédie-Française !

Jamais personne n'a su trouver autant de ressources dans le français, « cette langue admirable, composée d'assez de consonnes pour être parlée par les gens du Nord, et d'assez de voyelles pour être chantée par ceux du Midi. »

Quelquefois cependant, Victor Hugo daigne descendre de ces sommets élevés, et je profite de l'occasion qui m'est offerte pour donner à nos lecteurs une vraie curiosité littéraire : ce sont deux impromptus écrits jadis par lui sur l'album d'Alice Odry, la jolie actrice des Variétés.

Platon disait, à l'heure où l'horizon pâlit :
« Jupiter, montre-moi Vénus sortant de l'onde ! »
Moi, je dis, animé d'une ardeur plus profonde :
« Madame, montrez-moi Vénus entrant au lit ! »

Mlle Odry ne se montra que médiocrement flattée, paraît-il, d'avoir inspiré le susdit quatrain ; aussi le poète reprit-il la plume pour ajouter le quatrain suivant :

Un rêveur quelquefois blesse ce qu'il admire ;
Les meilleurs sentiments sont souvent méconnus ;
Mais je n'ai jusqu'ici jamais entendu dire
Que le vœu de Platon avait fâché Vénus.

Très galant, comme vous voyez, l'auteur de la *Légende des Siècles..*

Et le calembour ! Victor Hugo le pratique avec acharnement dans l'intimité. Un jour c'était à Bruxelles, lorsque parurent les *Chansons des rues et des bois*, nous étions une dizaine à déjeuner chez ce brave et aimable Camille Béru, Hugo s'y trouvait. Tout à coup s'adressant à Béru :

— Tu vas nous servir d'échanson ?

— Volontiers, dit Camille.

— Et tu vas boire aussi ?

— Certainement, mais pourquoi cette question inutile ?

— Parce qu'on pourra dire : *L'échanson Béru aide et boit.*

Épouvantable n'est-ce pas, cet à peu près, mais absolument authentique.

Hugo riait de son rire franc et communicatif.

Qui sait le sort réservé par l'avenir aux écrivains du xixe siècle ? Je crois que plusieurs survivront, mais je suis certain que les générations futures admireront quelques-unes des œuvres de Victor Hugo, car il a créé une langue immortelle ; beaucoup d'autres — et des meilleurs — pourront disparaître, Victor Hugo traversera les siècles,

Et s'il n'en reste qu'un, *ce sera celui-là !*

A. CAREL.

26 février 1881.

CAPIOMONT aîné, **CALVET** et Cie, éditeurs, rue Gît-le-Cœur, Paris.

SCEAUX — IMP. CHARAIRE ET FILS.

BIOGRAPHIES CONTEMPORAINES

CHARLES GOUNOD

HARLES-FRANÇOIS GOUNOD, membre de l'Institut, commandeur de la Légion d'honneur, est né à Paris le 17 juin 1818.

De tous les compositeurs vivants, c'est lui qui représente le plus glorieusement l'école française. Chacune de ses œuvres est un grand événement dans l'histoire de la musique contemporaine, et le célèbre compositeur est une personnalité fort intéressante qui mérite d'être étudiée avec soin.

Charles Gounod est fils d'un peintre de mérite, et d'une mère distinguée qui, tout en soignant sa première éducation, lui apprit les éléments de la musique, simplement à titre de récréation, car ses parents voulaient en faire un... notaire, et combattirent énergiquement la vocation impétueuse et irrésistible manifestée par le jeune Charles lorsqu'il eut entendu *Otello* et *Don Juan*, qui lui arrachèrent des cris d'enthousiasme.

Dès son enfance, sa famille l'avait élevé dans des sentiments d'une dévotion mesquine et l'avaient habitué à des pratiques abétissantes qui ont étouffé tant de belles intelligences. Gounod est parvenu à s'en tirer tant bien que mal, mais il a toujours conservé une foi profonde et un mysticisme que nous rencontrerons à chaque pas dans l'existence du célèbre musicien.

Quoi qu'ils en eussent, ses parents le laissèrent

étudier l'harmonie sous Reicha. Le maître, surpris des dispositions extraordinaires du jeune homme, apporta tous ses soins à son éducation musicale et lui eut bientôt appris tout ce qu'il pouvait enseigner. Lesueur et Halévy lui donnèrent aussi des leçons, et, en 1837, Charles Gounod remportait le second prix de composition musicale.

En 1839 le grand prix lui était décerné, et bientôt après le lauréat partait pour l'Italie où il résida jusqu'en 1843.

Voici un curieux récit fait par Gounod lui-même des impressions qu'il éprouva pendant son séjour à Rome :

« J'allais le plus possible à la chapelle Sixtine, où j'entendais ordinairement l'office tous les dimanches. Cette musique sévère, ascétique, horizontale et calme comme la ligne de l'Océan, monotone à force de sérénité, anti-sensuelle et néanmoins d'une intensité de contemplation qui va parfois à l'extase, me produisit d'abord un effet étrange, presque désagréable. Était-ce le style même de ces compositions, entièrement nouveau pour moi, était-ce la sonorité particulière de ces voix spéciales, que mon oreille entendait pour la première fois, ou bien cette attaque ferme jusqu'à la rudesse, ce martèlement si saillant, qui donne un tel relief à l'exécution en soulignant les diverses entrées des voix dans ces combinaisons d'une trame si pleine et si serrée ? — je ne saurais le dire. — Toujours est-il que cette composition, pour bizarre qu'elle fût, ne me rebuta point. J'y revins encore, puis encore, et je finis par ne plus pouvoir m'en passer.

« Il y a des œuvres qu'il faut voir ou entendre dans le lieu pour lequel elles ont été faites. La chapelle Sixtine est un de ces lieux exceptionnels : elle est un monument unique dans le monde. Le génie colossal qui en a décoré les voûtes et le mur de l'autel par ces incomparables conceptions de la *Genèse* et du *Jugement dernier*, ce peintre des *Prophètes* avec lesquels il semble traiter d'égal à égal, n'aura sans doute jamais son pareil, non plus qu'Homère ou que Phidias. Les hommes de cette trempe et de cette taille ne se voient pas deux fois : ce sont des synthèses ; ils embrassent un monde, ils l'épuisent, ils le ferment, et ce qu'ils ont dit, nul ne peut le redire après eux. »

La musique de Palestrina eut aussi une grande influence sur le compositeur idéaliste et mystique de *Polyeucte* :

« A l'audition d'une œuvre de Palestrina, il se passe quelque chose d'analogue à l'impression produite par la lecture d'une des grandes pages de Bossuet : rien ne frappe en route, et au bout du chemin, on se trouve porté à des hauteurs prodigieuses ; serviteur docile et fidèle de la pensée, le mot ne vous a ni détourné, ni arrêté à son profit, et vous êtes parvenu au sommet sans secousse, sans diversion, sans malversation, conduits par un guide mystérieux qui vous a caché sa trace et dérobé ses secrets. C'est cette absence de procédés visibles, d'artifices mondains, de coquetterie vaniteuse qui rend absolument inimitables les œuvres supérieures; pour les atteindre il ne faut rien moins que l'esprit qui les a conçues et les ravissements qui les ont dictées. »

Cette impression fut durable; sa première œuvre, après sa dernière année d'école passée à

Vienne et à Munich, fut une messe *Alla Palestrina*.

Ingres était alors directeur à la *Villa Médicis*. Le grand peintre aimait beaucoup la musique et se montrait très fier de son talent de violoniste. En quittant Rome, il offrit au musicien un superbe petit médaillon de Mozart avec cette suscription : « A Charles Gounod, jeune compositeur déjà célèbre, souvenir affectueux de Ingres. »

Gounod se lia intimement à Rome avec le peintre Hébert, pour qui il a toujours conservé une grande amitié et qu'il appela plus tard « le Chopin de la peinture. »

En revenant à Paris, le compositeur amenait avec lui deux grandes admirations, Mozart et Beethoven, dont il disait : « Beethoven est plus grand, Mozart est plus haut! — Beethoven a plus de puissance et Mozart plus de sérénité! — Mozart est dans le ciel et Beethoven y monte! Et pourtant ils sont égaux! »

Toujours du pathos mystique!

Gounod obtint la place de maître de chapelle aux *Missions étrangères*, rue du Bac.

Il y resta six ans, jouant de l'orgue et faisant exécuter ses compositions par quatre petits enfants de chœur et deux gros chantres! Puis, un beau matin, on apprit qu'il avait pris la soutane et était entré au séminaire de Saint-Sulpice. Au bout d'un an, il jeta le froc aux orties et épousa la fille de Zimmermann.

En 1849, il obtint un très grand succès avec une *messe solennelle*, chantée à Saint-Eustache. Sa réputation commençait à s'établir.

L'année suivante, grâce à la toute-puissante initiative de Pauline Viardot, Gounod put faire représenter à l'Opéra, *Sapho*, drame lyrique, en trois actes; l'absence absolue de ballet nuisit beaucoup à la réussite de cette œuvre.

En 1852, il composa la musique des chœurs de l'*Ulysse* de Ponsard.

La direction de l'Opéra lui confia, après le refus de plusieurs autres compositeurs, le livret de la *Nonne sanglante*, opéra en cinq actes qui fut représenté en 1854.

En 1858, le Théâtre-Lyrique représentait avec succès le *Médecin malgré lui*. M. Carvalho, alors directeur de ce théâtre qui faisait une concurrence acharnée à l'Opéra-Comique, songea à profiter de la réputation grandissante de Gounod. Il le chargea d'écrire la musique de *Faust*, dont le *libretto* est tiré de Gœthe. Le musicien, tout en s'imprégnant du génie allemand resta fidèle au génie français. De cette alliance allemande et française, est sorti ce chef-d'œuvre, qui eut au Théâtre-Lyrique deux cents représentations, et dont le succès est aujourd'hui universel.

Mᵐᵉ Miolan-Carvalho créa, de la façon admirablement poétique que l'on sait, le rôle de Marguerite dans lequel elle n'a jamais été dépassée, si toutefois elle a été égalée.

Faust, profondément retouché, fut repris avec un grand éclat, en 1869, à l'Opéra, et fait partie désormais du répertoire des scènes lyriques du monde entier.

Gounod, devenu le fournisseur attitré du Théâtre-Lyrique, fit représenter à ce théâtre, en 1861, une idylle : *Philémon et Baucis*.

En 1862, il revint à l'Opéra avec *la Reine de Saba*, quatre actes. Ce fut sa première chute, aussi lui fut-elle très sensible.

Un critique musical rencontra le compositeur à Bade, peu de temps après son échec :

— Comment! vous ici, maître?

— Oui, je voyage pour un deuil de famille.

— Vous avez perdu l'un des vôtres?

— Oui, une femme que j'ai beaucoup aimée, et sur laquelle j'avais fondé de grandes espérances : *la Reine de Saba*.

Pour se consoler, il alla jusqu'en Italie et revint passer trois mois dans le midi de la France, auprès de Mistral, dans cette campagne ensoleillée des environs d'Arles. Il en rapporta *Mireille*, d'après le poème du grand poète provençal. Cette partition, pleine de la chaude lumière du midi, est bien plutôt descriptive que dramatique ; elle n'eut point à beaucoup près au Théâtre-Lyrique, où elle fut jouée en 1862, le même succès que *Faust*, et cependant Rossini la mettait au-dessus de toutes les autres œuvres de Gounod.

Quittant le pays du soleil, Gounod se plongea dans la nuit profonde, dans la nuit pleine de terreur et de poésie où Roméo et Juliette s'aimèrent, oubliant le signal de l'alouette matinale que l'amante enivrée confondit avec le chant du rossignol. — *Roméo et Juliette*, opéra en cinq actes, fut représenté en avril 1867 au Théâtre-Lyrique, et obtint un très vif succès. Il fut presque aussitôt monté à Vienne, à Bruxelles et dans la plupart des grandes villes de l'Europe.

Comme on le voit, l'inspiration du compositeur aime à fréquenter les plus hauts sommets, allant de Palestrina à Gœthe, de Molière à Shakespeare, en passant par Mistral.

Pour compléter cette première partie de la vie du célèbre compositeur, il convient de dire qu'il dirigea pendant quelques années, à partir de 1852, le cours normal de chant de la ville de Paris, connu sous le nom d'Orphéon, s'efforçant d'améliorer la méthode Vilhem; pour la mettre à la hauteur des nouvelles méthodes d'instruction musicale.

Sa première symphonie, *la Reine des Apôtres*, fut exécutée en 1850 et deux autres *symphonies* en 1855 et 1856 par la société des jeunes artistes. Parmi les nombreux morceaux de musique religieuse, instrumentale, symphonique et vocale qu'il a composés, citons le célèbre *Avé Maria* et la *Sérénade* de Victor Hugo dans *Marie Tudor*. En 1870, il fit exécuter à l'Opéra une cantate de circonstance: *A la frontière*.

Pendant la guerre, Gounod se réfugia à Londres où il dirigea lui-même, le 1ᵉʳ mai 1871, lors de l'ouverture de l'exposition, l'exécution de *Gallia*, cantate que nous avons eu l'occasion d'entendre plusieurs fois à Paris dans ces derniers temps.

Cependant la guerre était terminée depuis longtemps et Gounod ne revenait pas, on lui attribua même l'intention de se faire naturaliser Anglais, le compositeur adressa aux journaux parisiens une protestation indignée.

Son séjour prolongé en Angleterre tenait à des causes que des débats judiciaires ont rendues publiques et qui ont eu une désastreuse influence sur cette époque de l'existence du musicien.

Peu de temps après son arrivée à Londres, Gounod s'était laissé séduire par les charmes d'une cantatrice anglaise, mistress Georgina Weldon, et vint habiter ou plutôt s'emprisonner dans Tavistock-House. Cette maison, située au fond du square le plus tranquille de Londres, avait abrité longtemps Charles Dikens, qui était venu y chercher le silence et le repos.

Quelle est donc cette Georgina Weldon qui retenait Gounod véritablement prisonnier, sans qu'il s'en doutât, tant les chaînes étaient bien cachées sous les fleurs ? C'est une femme de quarante ans bien sonnés, — elle l'avoue elle-même, — mais n'en paraissant pas plus de trente. Belle dans toute l'acception du mot, d'une beauté essentiellement féminine sous une enveloppe mâle ; avec des yeux perçants, un profil d'une régularité parfaite, des lèvres sensuelles, des joues fraîches et un sourire d'enfant, des cheveux épais qu'un jour, dans un accès de fièvre, elle coupa à coups de ciseaux.

Son mari, pourvu d'une charge à la cour, et possédant cent mille francs de rentes, avait voulu la faire enfermer comme folle, mais la rusée commère sut déjouer d'une façon très fine toutes les embûches qu'on lui tendit, si bien que le jugement qui ordonnait son incarcération fut prescrit et qu'on ne put en obtenir un second.

Et, en effet, elle n'est pas folle, mais étrange, exaltée, et spirite par-dessus le marché. Avec quel sentiment exquis elle chantait la musique du maître ; avec quelle câlinerie dans la voix et le sourire elle savait séduire l'artiste !

On voit encore au-dessous d'une petite encoignure en bois de chêne dans le salon de Tavistock-House quelques lignes écrites au crayon où Gounod constate « qu'il a passé dans cette chère maison des semaines embellies ou plutôt embaumées par la plus tendre affection, au sein du recueillement, du travail et de la paix. »

C'est aux côtés de cette charmeresse, et pour elle, que Gounod, oubliant tout, famille et patrie, composa *Gallia*, *Biondina*, et une foule d'autres œuvres charmantes en si grand nombre que le maître n'en avait jamais autant écrit et dont beaucoup, hélas ! resteront ignorées. Un sourire de Georgina Weldon faisait enfanter un chef-d'œuvre au maestro séduit.

C'est là qu'il composa *Polyeucte*, dont chaque page était précieusement mise de côté par mistress Weldon, qui en était propriétaire par contrat signé devant notaire.

Voici comment la chose s'était passée :

Mistress Weldon, ivre d'orgueil et voulant se réserver pour elle seule la gloire que lui procurerait l'amitié du grand musicien, avait entrepris une campagne contre les éditeurs qui publiaient des morceaux de musique sans aucune rétribution pour l'auteur. Gounod, victime des obscurités de la loi anglaise sur les droits d'auteur se laissa aller trop loin ; il fut accusé de diffamation et condamné à une assez forte amende, ou à quinze jours de prison.

Gounod furieux, jura qu'il ne payerait pas l'amende et voulut poursuivre la lutte.

— Mais, lui dit mistress Weldon, on vous fera condamner de nouveau et on vous ruinera ! Il y a un moyen de faire une niche à ceux qui vous poursuivent, vous n'avez qu'à céder à un tiers tout ce que vous possédez en Angleterre.

Gounod accepta. Le tiers était tout trouvé, et par acte dûment signé et paraphé Georgina Weldon devint propriétaire de toutes les œuvres que le maître avait composées en Angleterre.

Cela dura longtemps ; on organisa des concerts fructueux dont Gounod ne vit jamais un sou.

Enfin harassé, découragé et presque fou, le malheureux grand artiste s'évada pour ainsi dire de sa prison et revint dans sa patrie à la grande joie de tous ses amis. Lorsqu'il lui fallut rentrer dans son intérieur, auprès de sa femme désolée, on le comprend, de l'abandon de son mari, la scène d'explications ne fut pas longue.

— Ma chère femme, dit Gounod, pardonne-moi... Je te rapporte un *buste* qui n'a rien à se reprocher !

N'est-ce pas typique ?

Cependant, de toutes parts, on demandait au grand musicien des nouvelles de *Polyeucte*, dont on parlait depuis si longtemps. Hélas ! le pauvre *Polyeucte* était resté là-bas, et en attendant qu'il fût fait droit à sa trop juste réclamation, le maître a dû passer une année à récrire de mémoire sa partition.

Mais pendant ce travail, Gounod était dans un triste état d'esprit, désabusé du monde, indifférent au succès, et pris d'un de ces violents accès de mysticisme qu'il a lui-même ainsi avoué dans un livre paru à son insu en Angleterre :

« Ma vie, dit-il, est une cellule dont voici la règle : *recueillement*, vie de l'âme ; *intimité*, vie du cœur ; *travail*, vie de l'intelligence. Quant au monde, j'ai dit, comme dans la prison de mon *Polyeucte :* « Monde, pour moi, tu n'es plus rien ! » C'est le mensonge et l'inutilité, des deux côtés, c'est le vide. Je veux recueillir ce qui me reste de jours dans une solitude que je regarde comme ma vie posthume. Le public contemporain n'existe plus pour moi ; je n'ai rien à démêler avec lui. *Polyeucte* est une œuvre d'art apostolique, c'est l'apologie et la glorification d'un martyr ; j'espère que Dieu me permettra de le terminer avant ma mort ; et si j'ai laissé dans cette œuvre une action de plus au service d'une cause que j'ai adorée, je ne demande pas à en avoir le succès. Ce que je désire, c'est de l'achever dans la paix de mon couvent, comme un vieux bénédictin. »

Le maître était à cette époque tellement absorbé par les idées religieuses qu'un moment on a pu craindre pour sa raison, et que les amis du compositeur ont cru qu'il allait se réfugier dans quelque retraite profonde, dans un couvent ou dans un cloître.

L'exaltation de Gounod était très grande, en effet, comme le prouve l'anecdote suivante absolument authentique :

Un matin, se promenant du côté de l'avenue de Villiers, il entre chez Sarah Bernhardt.

L'éminente tragédienne était à son atelier vêtue de son traditionnel costume d'homme, elle travaillait au buste de M. de Girardin.

Le compositeur fut d'abord étonné de cette mise, qu'il jugeait peu convenable, mais il n'osa pas insister, et, ayant prié Sarah de continuer son travail, il s'assit à quelques pas sur un large et moelleux divan, en contemplant silencieusement l'artiste.

Il avait l'air sombre et préoccupé. Sarah lui en fit l'observation, mais il ne répondit rien.

Enfin, après un moment :

— Sarah, priez-vous quelquefois ? demanda-t-il à brûle-pourpoint, en articulant les syllabes d'un ton tragique.

L'actrice tressauta et fut choquée de cette question indiscrète ainsi posée.

Vivement, elle lui répondit en haussant les épaules, et en observant l'effet qu'elle allait produire :

— Prier ? moi ?... jamais de la vie, je suis athée !..

— Athée !... exclama Gounod en pâlissant.

Et, se levant fiévreusement, il se laissa tomber à genoux en pleurant et en s'écriant :

« Dieu de bonté ! Dieu de miséricorde !... Tu as comblé cette créature de tous les dons les plus précieux ; tu lui as donné la grâce, le charme, le talent, le génie ; tu l'as faite pour aimer et être aimée, et tu ne lui as pas donné la foi !... Dieu charitable ! fais qu'elle puisse te comprendre ! Pardonne-lui !... Inspire-la !... »

Il continua sur ce ton pendant près d'un quart d'heure, tandis que Sarah, péniblement affectée de cette scène, croyait que le musicien était devenu fou, et cherchait un moyen de s'en débarrasser.

Enfin Gounod se releva, prit son chapeau, jeta un dernier regard mouillé de larmes à Sarah Bernhardt et partit.

Depuis lors, la tragédienne et le compositeur ne se sont jamais revus.

Gounod, renonçant à l'espoir de rentrer en possession de ses manuscrits, entreprit de récrire de mémoire, comme nous l'avons dit, la partition tout entière des cinq actes de *Polyeucte*, chant, chœurs et orchestre, prodige inouï ! On se rend compte de l'énormité de la tâche quand on songe qu'il a dû transcrire plus de deux mille pages de musique et quinze cent mille notes !

Lorsque Mme Weldon se décida enfin à rendre le manuscrit original par l'intermédiaire de M. Oscar Comettant, l'œuvre était terminée et cette restitution dont on se vantait comme d'un trait de générosité, fut faite trop tard !

Mais on ne surmène pas impunément le cerveau humain et, lorsque le maître eut accompli cet acte d'héroïque volonté, il eut besoin de prendre quelques mois de repos absolu avant de continuer ses occupations habituelles.

Cinq-Mars, drame lyrique en cinq actes et huit tableaux, joué à l'Opéra-Comique le 5 avril 1877, est une véritable improvisation.

Le 1er décembre 1876, Gounod, sur les instances de M. Carvalho, consentit à écrire un drame lyrique.

Il fallait un livret.

Depuis quelque temps un ami intime du compositeur, M. Poirson, le gendre du marquis d'Herford, avait l'intention de faire une pièce avec le *Cinq-Mars* d'Alfred de Vigny.

L'idée plut à l'auteur de *Faust* qui conseilla à son ami de prendre pour collaborateur M. Gallet.

En un mois, le poème fut écrit et remis au maître.

Pressé par le directeur de l'Opéra-Comique, Gounod disparut subitement. Quelques journaux annoncèrent qu'il était retourné à Londres, d'autres, qu'il s'était retiré à Cannes. Gounod ne souffla mot, il s'était installé à Bagatelle, chez Richard Wallace. C'est là qu'il composa ou, pour mieux dire, qu'il improvisa la partition de *Cinq-Mars*, puisque, au bout de quarante-deux jours, l'œuvre était assez avancée pour être mise en répétition.

Enfin, après dix années d'attente, la première représentation de *Polyeucte* fut donnée à l'Opéra en mars 1879.

Est-ce un chef-d'œuvre?

C'est évidemment une œuvre fort remarquable, dans laquelle Gounod a voulu traduire ses aspirations et revêtir d'une forme brillante son idéal, tel qu'il l'a défini dans un autographe écrit sur un album, et que nous reproduirons ci-dessous.

Le maître a voulu implanter le « drame sacré » sur notre première scène lyrique, mais le public, tout en admirant les beautés de premier ordre de certains passages de *Polyeucte*, ne l'a pas suivi dans cette voie. Après un certain nombre de représentations, l'œuvre maîtresse de Gounod, celle qui lui a coûté certainement le plus de peine et de travail, est rentrée dans les cartons de l'Opéra d'où elle ne sortira plus de longtemps.

Gounod a écrit la musique de *Georges Dandin*, sur les paroles mêmes de Molière, et il a publié à ce propos, dans la *Revue et Gazette musicale*, une curieuse étude sur l'emploi de la prose en musique.

Citons encore : *Les deux Reines*, drame de M. Legouvé, joué à la salle Ventadour en 1872, pour lequel Gounod consentit à composer quelques morceaux, et *Jeanne Darc*, représentée à la Gaieté, en 1873.

Après de longs pourparlers et de nombreuses vicissitudes, la dernière œuvre du maître : *Le tribut de Zamora*, a fait son apparition au commencement de cette année sur la scène de l'Académie nationale de musique, et continue le cours de ses représentations. Cette fois, tout le mérite de l'œuvre revient bien au compositeur, car il est impossible de trouver un livret plus vide et des vers plus plats que ceux de MM. Dennery et Brésil.

Gounod parait beaucoup plus jeune qu'il n'est en réalité, surtout quand sa tête est couverte — et elle l'est presque toujours — l'œil est vif, la parole vibrante et l'expression de la figure très animée. Mais quand, dans le feu de la conversation, il enlève sa calotte ou son chapeau, sa calvitie très prononcée le fait paraître immédiatement plus vieux de vingt ans; cela ressemble à une des transformations du docteur Faust.

Quand on a entendu chanter Gounod on se souvient toujours de l'émotion qu'on a ressentie; le compositeur a une voix admirable et chante avec un art inimitable sa musique et parfois celle des autres.

Juillet 1881.

A. CAREL.

Monsieur A. Carel
Au Foyer Illustré.
10, Rue Gît-le-Cœur.
E. V.

21 Juin / 81

Monsieur ;

C'est une pitié. Je suis livré aux horreurs du déménagement pour la campagne : tout ce que je puis, en fait d'autographe, c'est de vous le dire.

Ch. Gounod

Il y a trois grands Sacerdoces, celui du Bien, celui du Vrai, et celui du Beau ; les Saints, les Savants, les Artistes, sont comme les trois formes distinctes de cette Unité substantielle qui est l'Idéal.

Ch. Gounod

CAPIOMONT aîné, CALVET et Cie, éditeurs, 10, rue Gît-le-Cœur, Paris.

SCEAUX. IMP. CHARAIRE ET FILS.

BIOGRAPHIES CONTEMPORAINES

ALPHONSE DAUDET

Lorsque je vis Alphonse Daudet pour la première fois, il y a de cela tantôt vingt ans, c'était un jeune homme pâle, souffreteux, ayant toutes les apparences d'un phtisique. Il venait de faire recevoir à l'Odéon une pièce intitulée : la *Dernière Idole*, en 1862, si j'ai bonne mémoire. Le jeune poète était si gravement atteint qu'il ne put assister ni aux répétitions ni à la représentation de son œuvre. Les médecins l'avaient envoyé en Algérie et ses amis avaient grande crainte de ne pas le voir revenir ; car c'est assez l'habitude de ces messieurs de la Faculté d'expédier dans le Midi, les malades dont ils ne savent que faire.

Fort heureusement pour la littérature contemporaine, qui n'est déjà pas si riche, le climat algérien agit merveilleusement sur le tempérament du jeune malade, et lorsque nous le revîmes, il était non seulement guéri, mais il jouissait de la santé la plus florissante et jamais le *mens sana in corporo sano*, ne fut mieux appliqué qu'au Daudet, retour d'Afrique.

Par esprit sain, je veux parler surtout de la correction du style et de la netteté de l'idée, car je suis loin de partager les opinions de l'écrivain.

Alphonse Daudet est né à Nîmes le 13 mai 1840, de parents pauvres mais... foncièrement royalistes !

Il était encore tout jeune, quand sa famille vint se fixer à Lyon et c'est au Lycée de cette ville qu'il fit ses études. La fortune n'étant pas venue, le jeune bachelier se vit obligé d'accepter une place de maître d'étude à Alais, petite ville du Gard. Pendant deux ans, il exerça cette pénible profession dont il devait plus tard décrire les souffrances dans une étude pleine de souvenirs personnels et écrite avec une grande émotion. Cette page de son histoire fut publiée dans le *Figaro* sous le titre : *les Gueux de province*, et ne contribua pas peu à sa réussite.

Disons tout de suite qu'on rencontre une foule de détails autobiographiques dans la plupart des livres de Daudet ; ses œuvres sont toutes vécues et sortent rarement de la réalité.

En 1857, Alphonse Daudet vint à Paris retrouver son frère Ernest, de quelques années plus âgé que lui. Il essaya tout de suite de se faire une position dans la littérature. Déjà, étant au lycée, il avait publié quelques pièces de vers dans les journaux de Lyon ; ces essais poétiques avaient obtenu un certain succès. Il apportait dans sa valise un petit volume de vers qu'il publia sous le titre de : *les Amoureuses* (1858) et dans lequel se trouve cette ravissante fantaisie des *Prunes*, dont voici le commencement :

I

Si vous voulez savoir comment
Nous nous aimâmes pour des prunes,
Je vous le dirai doucement,
Si vous voulez savoir comment.
L'amour vient toujours en dormant,
Chez les bruns comme chez les brunes ;
En quelques mots, voici comment
Nous nous aimâmes pour des prunes.

II

Mon oncle avait un grand verger
Et moi j'avais une cousine ;
Nous nous aimions sans y songer ;
Mon oncle avait un grand verger.
Les oiseaux venaient y manger,
Le bon Dieu faisait leur cuisine ;
Mon oncle avait un grand verger
Et moi j'avais une cousine.

. . . .

Ce fut là un heureux début qui établit d'emblée sa réputation. Édouard Thierry lui consacra dans le *Moniteur* un feuilleton très élogieux, et dès lors les colonnes des journaux lui furent ouvertes.

En 1859, l'éditeur Poulet-Malassis publia *la Double conversion* ; en 1860, *le Chaperon rouge*, recueil de nouvelles remarquées au *Figaro* littéraire.

En 1861, malgré ses opinions royalistes, il fut attaché au cabinet du duc de Morny, et spécialement chargé de rechercher ce qu'il y avait d'intéressant dans les publications nouvelles. C'est là qu'il rencontra un homme d'esprit, fourvoyé dans cette galère, Ernest Lépine, avec qui il écrivit *la Dernière Idole*, dont j'ai parlé en commençant et l'*Œillet blanc*, un acte représenté à la Comédie-Française en 1864. Ce ne fut pas sans peine qu'on tira cette jolie comédie des pattes de la censure ; la pièce s'appelait d'abord *le Lys blanc* ; refus d'Anastasie d'autoriser un titre aussi séditieux, même refus d'un autre titre présenté : *le Dalhia blanc*. Il fallut l'intervention de *l'honnête* Morny pour laisser passer celui de *l'Œillet blanc*. Oh ! comme on doit regretter cette aimable époque !

Alphonse Daudet avait beaucoup de loisirs et de congés qu'il employait à voyager. Partout il était bien reçu, grâce à la recommandation de son *patron*. Ces voyages servirent à compléter son éducation. Enfin après cinq ans, c'est-à-dire en 1865, il comprit qu'il ne gagnait pas ses appointements et quitta la maison de Morny, où il aurait mieux fait, à mon avis, de ne jamais mettre les pieds.

.·.

A partir du jour où il reconquit son indépendance et sa liberté, il devint véritablement un écrivain et même un écrivain d'élite. Il publia au *Petit Moniteur* sous les pseudonymes de *Baptiste* et de *Jehan de l'Isle*, une série de chroniques sous le titre de *Lettres de Paris*, et dans l'*Événement*, les *Lettres de mon Moulin*, signées du nom de *Gaston-Marie*, et qui furent si remarquées. Ces lettres parurent en volume en 1869.

Il fit dans le *Figaro* littéraire les charmantes chroniques rimées, signées *Jehan Froissard*.

Il écrivit en 1865, le livret des *Absents*, opéra-comique, musique de M. Poise. En 1868, *le Frère aîné*, drame en un acte en collaboration avec Lépine. En 1869, *le Sacrifice*, comédie en trois actes.

Il donna en 1868, un volume où la fiction se mêle à la réalité, *le Petit Chose*, histoire d'un enfant. Pendant la Commune, il inséra dans un journal, publié à Versailles, des souvenirs du siège, sous le titre de *Lettres à un absent*, — 1870-1871 — dédiées au poète Paul Arène, « capitaine de mobiles ». Ces récits ont été réunis en volume édité par Alphonse Lemerre. C'est dans ce livre que se trouve l'histoire héroï-comique que nous reproduisons tout entière, car ce serait vraiment dommage de la mutiler. Cela s'appelle

LA DÉFENSE DE TARASCON

« Dieu soit loué ! J'ai enfin des nouvelles de Tarascon. Depuis cinq mois, je ne vivais plus, j'étais d'une inquiétude !... Connaissant l'exaltation de cette bonne ville et l'humeur belliqueuse de ses habitants, je me disais : « Qui sait ce qu'a fait Tarascon ? S'est-il rué en masse sur les barbares ? S'est-il laissé bombarder comme Strasbourg, mourir de faim comme Paris, brûler vif comme Châteaudun ? ou bien, dans un accès de patriotisme farouche, s'est-il fait sauter comme Laon et son intrépide citadelle ?... Rien de tout cela, mon cher, Tarascon n'a pas brûlé, Tarascon n'a pas sauté. Tarascon est toujours à la même place, paisiblement assis au milieu des vignes, du bon soleil plein ses rues, du bon muscat plein ses caves, et le Rhône qui baigne cette aimable localité emporte à la mer, comme par le passé, l'image d'une ville heureuse, des reflets de persiennes vertes, de jardins bien ratissés, et de miliciens en toniques neuves, faisant l'exercice tout le long du quai.

Garde-toi de croire pourtant que Tarascon n'a rien fait pendant la guerre. Il s'est, au contraire, admirablement conduit, et sa résistance, que je vais essayer de te raconter, aura sa place dans l'histoire comme type de résistance locale, symbole vivant de la défense du Midi.

Les Orphéons

Je te dirai donc que, jusqu'à Sedan, nos braves Tarasconnais s'étaient tenus chez eux, bien tranquilles. Pour ces fiers enfants des Alpilles, ce n'était pas la patrie qui mourait là-haut ; c'étaient les soldats de l'empereur, c'était l'empire. Mais une fois le 4 septembre, la République se réveilla sous Paris, alors, ouf ! Tarascon se réveilla, et l'on vit ce que c'est qu'une guerre nationale... cela commença naturellement par une manifestation d'orphéonistes. Tu sais quelle rage de musique ils ont dans le Midi. A Tarascon surtout, c'est du délire. Dans les rues, quand vous passez, toutes les fenêtres chantent, tous les balcons vous secouent des romances sur la tête.

N'importe la boutique où vous entrez, il y a toujours au comptoir une guitare qui soupire, et les garçons de pharmacie eux-mêmes vous servent en fredonnant : *Le Rossignol* — et le *Luth espagnol :* *Tra la la* — *la la la.* En dehors de ces concerts privés, les Tarasconnais ont encore la fanfare de la ville, la fanfare du collège, et je ne sais combien de sociétés d'orphéons.

C'est l'orphéon de Saint-Christophe et son admirable chœur à trois voix : « *Sauvons la France !* » qui donnèrent le branle au mouvement national.

« Oui, oui, sauvons la France ! » criaient les bons Tarasconnais en agitant des mouchoirs aux fenêtres, et les hommes battaient des mains, et les femmes envoyaient des baisers à l'harmonieuse phalange qui traversait le cours sur quatre rangs de profondeur, bannière en tête et marquant fièrement le pas.

L'élan était donné. A partir de ce jour, la ville changea d'aspect : plus de guitare, plus de barcarolle. Partout le *Luth espagnol* fit place à la *Marseillaise*, et, deux fois par semaine, on s'étouffait sur l'Esplanade pour entendre la fanfare du collège jouer le *Chant du départ*. Les chaises coûtaient des prix fous !... Mais les Tarasconnais ne s'en tinrent pas là.

Les Cavalcades

Après la démonstration des orphéons, vinrent les cavalcades historiques au bénéfice des blessés. Rien de gracieux comme de voir, par un dimanche de beau soleil, toute cette vaillante jeunesse tarasconnaise, en bottes molles et collants de couleur tendre, quêter de porte en porte et caracoler sous les balcons avec de grandes hallebardes et des filets à papillons ; mais le plus beau de tout, ce fut un carrousel patriotique — François Ier à la bataille de Pavie — que ces messieurs du cercle donnèrent trois jours de suite sur l'Esplanade. Qui n'a pas vu cela n'a jamais rien vu. Le théâtre de Marseille avait prêté les costumes ; l'or, la soie, le velours, les étendards brodés, les écus d'armes, les cimiers, les caparaçons, les rubans, les nœuds, les bouffettes, les fers de lance, les cuirasses faisaient flamber et papilloter l'Esplanade comme un miroir aux alouettes. Par là-dessus un grand coup de mistral qui secouait toute cette lumière. C'était quelque chose de magnifique. Malheureusement, lorsque après une lutte acharnée, François Ier, — M. Bompard, le gérant du cercle, — se voyait enveloppé par un gros de reîtres, l'infortuné Bompard avait, pour rendre son épée, un geste si énigmatique, qu'au lieu de « tout est

perdu fors l'honneur », il avait plutôt l'air de dire :
« *Digo-li que vengue, moun bon!* » Mais les Tarasconnais n'y regardaient pas de si près, et des larmes
patriotiques étincelaient dans tous les yeux.

La Trouée

Ces spectacles, ces chants, le soleil, le grand air
du Rhône, il n'en fallait pas plus pour monter les
têtes. Les affiches de Gambetta mirent le comble à
l'exaltation. Sur l'Esplanade, les gens ne s'abordaient
plus que d'un air menaçant, les dents serrées, mâ-
chant leurs mots comme des balles. Les conversa-
tions sentaient la poudre. Il y avait du salpêtre
dans l'air. C'est surtout au café de la Comédie, le
matin en déjeunant, qu'il fallait les entendre ces
bouillants Tarasconnais : « Ah çà! qu'est-ce qu'ils
font donc, les Parisiens avec leur tron de Dieu de
général Trochu? Ils n'en finissent pas de sortir...
Coquin de bon sort! si c'était Tarascon!... Trrr! Il
y a longtemps qu'on l'aurait faite, la trouée! » Et
pendant que Paris s'étranglait avec son pain d'a-
voine, ces messieurs vous avalaient de succulentes
bartavelles arrosées de bon vin des Papes, et lui-
sants, bien repus, de la sauce jusqu'aux oreilles, ils
criaient comme des sourds en tapant sur la table :
« Mais faites-la donc, votre trouée... » et qu'ils
avaient, ma foi, bien raison!

La défense du Cercle

Cependant l'invasion des barbares gagnait le Sud
de jour en jour. Dijon rendu, Lyon menacé, déjà les
herbes parfumées de la vallée du Rhône faisaient
hennir d'envie les cavales des Uhlans. « Organisons
notre défense! » se dirent les Tarasconnais ; et tout
le monde se mit à l'œuvre. En un tour de main, la
ville fut blindée, barricadée, casmatée. Chaque maison devint une forteresse. Chez l'armurier Costecalde, il y avait, devant le magasin, une tranchée
d'au moins deux mètres, avec un pont-levis, quelque chose de charmant. Au cercle, les travaux de
défense étaient si considérables, qu'on allait les voir
par curiosité. M. Bompard, le gérant, se tenait en
haut de l'escalier, le chassepot à la main, et donnant des explications aux dames. « S'ils arrivent
par ici, pan! pan!... Si, au contraire, ils montent
par là, pan! pan! » Et puis, à tous les coins de rues,
des gens qui vous arrêtaient pour vous dire d'un air
mystérieux : « Le café de la Comédie est imprena-
ble, » ou bien encore : « On vient de torpiller l'Esplanade!... » Il y avait de quoi faire réfléchir les barbares.

Les Francs Tireurs

En même temps, des compagnies de francs-tireurs
s'organisaient avec frénésie. « *Frères de la mort,
Chacals du Narbonnais, Espingoliers du Rhône,* » il y
en avait de tous les noms, de toutes les couleurs,
comme des centaurées dans un champ d'avoine ; et des
panaches, des plumes de coq, des chapeaux gigantes-
ques, des ceintures d'une largeur!... Pour se donner
l'air plus terrible, chaque franc-tireur laissait pousser
sa barbe et ses moustaches, si bien qu'à la promenade
le monde ne se connaissait plus. De loin vous voyiez
un brigand des Abruzzes, qui venait sur vous la
moustache en croc, les yeux flamboyants, avec un
tremblement de sabres, de revolvers, de yatagans ;
et puis quand on s'approchait, c'était le receveur
Pégoulade. D'autres fois, vous rencontriez dans l'escalier Robinson Crusoé lui-même, avec son chapeau
pointu, son coutelas en dent de scie, un fusil sur
chaque épaule ; au bout du compte c'était l'armurier
Costecalde qui rentrait de dîner en ville. Le diable,
c'est qu'à force de se donner des allures féroces, les
Tarasconnais finirent par se terrifier les uns les autres, et bientôt personne n'osa plus sortir.

Lapins de garenne et Lapins de choux

Le décret de Bordeaux sur l'organisation des
gardes nationales mit fin à cette situation intolé-
rable. Au souffle puissant des triumvirs, prrrt! les
plumes de coq s'envolèrent, et tous les francs-tireurs
de Tarascon, — Chacals, Espingoliers et autres — vinrent se fondre en un bataillon d'honnêtes miliciens,
sous les ordres du brave général Bravida, ancien
capitaine d'habillement. Ici, nouvelles complica-
tions. Le décret de Bordeaux faisait, comme on sait,
deux catégories dans la garde nationale : les gardes
nationaux de marche, et les gardes nationaux sé-
dentaires ; lapins de garenne et lapins de choux,
disait assez drôlement le receveur Pégoulade.

Au début de la formation, les gardes nationaux
de garenne avaient naturellement le beau rôle.
Tous les matins, le brave général Bravida les me-
nait sur l'Esplanade faire l'exercice à feu, l'école de
tirailleurs. — Couchez-vous! levez-vous! et ce qui
s'ensuit. Ces petites guerres attiraient toujours beaucoup de monde. Les dames de Tarascon n'en manquaient pas une, et même les dames de Beaucaire
passaient quelquefois le pont pour venir admirer nos
lapins. Pendant ce temps, les pauvres gardes nationaux de choux faisaient modestement le service
de la ville et montaient la garde devant le musée,
où il n'y avait rien à garder qu'un gros lézard empaillé avec de la mousse et deux fauconneaux du
temps du bon roi René. Pensez que les dames de
Beaucaire ne passaient pas le pont pour si peu...
Pourtant, après trois mois d'exercice à feu, lorsqu'on
s'aperçut que les gardes nationaux de garenne ne
bougeaient toujours pas de l'Esplanade, l'enthousiasme commença à se refroidir.

Le brave général Bravida avait beau crier à ses
lapins : « Couchez-vous! levez-vous! » personne ne
les regardait plus. Bientôt ces petites guerres furent
la fable de la ville. Dieu sait cependant que ce n'é-
tait pas leur faute à ces malheureux lapins, si on ne
les faisait pas partir. Ils en étaient assez furieux. Un
jour même ils refusèrent de faire l'exercice.

« Plus de parade! crièrent-ils en leur zèle patriotique; nous sommes de marche; qu'on nous fasse
marcher! »

— Vous marcherez ou j'y perdrai mon nom! »
leur dit le brave général Bravida; et tout bouffant
de colère, il alla demander des explications à la
mairie.

La mairie répondit qu'elle n'avait pas d'ordres et
que cela regardait la préfecture.

« Va pour la préfecture » fit Bravida. Et le voilà
parti sur l'express de Marseille à la recherche du
préfet, ce qui n'était pas une petite affaire, attendu
qu'à Marseille il y avait toujours cinq ou six préfets
en permanence, et personne pour vous dire lequel
était le bon. Par une fortune singulière, Bravida, lui,
mit la main dessus tout de suite, et c'est en plein
conseil de préfecture que le brave général porta la
parole au nom de ses hommes, avec l'autorité d'un
ancien capitaine d'habillement.

Dès les premiers mots, le préfet l'interrompit.

« Pardon, général... Comment se fait-il qu'à vous
vos soldats vous demandent de partir, et qu'à moi
ils me demandent de rester?... Lisez plutôt. »

Et, le sourire aux lèvres, il lui tendit une pétition
larmoyante que deux lapins de garenne — les deux
plus enragés pour marcher — venaient d'adresser à
la préfecture avec apostilles du médecin, du curé, du
notaire, et dans laquelle ils demandaient à passer
aux lapins de choux pour cause d'infirmités.

« J'en ai plus de trois cents comme cela, ajouta
le préfet toujours en souriant. Vous comprenez
maintenant, général, pourquoi nous ne sommes pas
pressés de faire marcher vos hommes. On a malheureusement trop fait partir de ceux qui voulaient
rester. Il n'en faut plus... Sur ce, Dieu sauve la
République, et bien le bonjour à vos lapins. »

Le Punch d'adieu

Pas besoin de dire si le général était penaud en
retournant à Tarascon. Mais voici bien une autre
histoire. Est-ce qu'en son absence les Tarasconnais
ne s'étaient pas avisés d'organiser un punch d'a-
dieu par souscription pour les lapins qui allaient
partir! Le brave général Bravida eut beau dire que
ce n'était pas la peine, que personne ne partirait;
le punch était souscrit, commandé; il ne restait
plus qu'à le boire, et c'est ce qu'on fit. Donc, un
dimanche soir, cette touchante cérémonie du punch
d'adieu eut lieu dans les salons de la mairie, et,
jusqu'au petit jour blanc, les toasts, les vivats, les
discours, les chants patriotiques, firent trembler les
vitres municipales. Chacun, bien entendu, savait à
quoi s'en tenir sur ce punch d'adieu; les gardes
nationaux de choux qui le payaient, avaient la ferme
conviction que leurs camarades ne partiraient pas,
et ceux de garenne qui le buvaient, avaient aussi
cette conviction, et le vénérable adjoint, qui vint
d'une voix émue jurer à tous ces braves qu'il était
prêt à marcher à leur tête, savait mieux que personne qu'on ne marcherait pas du tout; mais c'est
égal! Ces méridionaux sont si extraordinaires, qu'à
la fin du punch d'adieu tout le monde pleurait, tout
le monde s'embrassait, et, ce qu'il y a de plus fort,
tout le monde était sincère, même le général!...

A Tarascon, comme dans tout le midi de la France,
j'ai souvent observé cet effet de mirage!...

N'est-ce pas qu'il est ravissant ce morceau,
avec ses tons colorés, ses chaudes peintures du
Midi où « toutes les fenêtres chantent, où tous
les balcons vous secouent des romances sur la
tête ? »

Oui, mais l'auteur avait compté sans la vanité
chatouilleuse de ses compatriotes, qui aiment
beaucoup à se moquer des autres, mais ne souf-
frent pas la moindre plaisanterie, fût-elle aussi
spirituelle que la « Défense de Tarascon ». Paul
Arène, celui-là même qui trouve « qu'on n'a rien
à faire à Paris si l'on n'est pas du Midi », parut
très vexé qu'on lui dédiât un pareille critique de
son pays. Bref, toute la bande méridionale
poussa de tels cris que Daudet résolut de retirer
cette chose exquise de la circulation. L'éditeur
Lemerre ne put trouver un seul volume des
Lettres à un absent, lorsqu'on fut le lui demander
pour présenter le passage cité plus haut à une
réunion des Félibres de Paris, société littéraire
où chaque membre doit lire à tour de rôle un
morceau soit en provençal soit en français d'un
auteur méridional. Le soir où on proposa de
lire la « Défense de Tarascon », celui qui pré-
sidait s'y opposa énergiquement. J'assistais par
hasard à cette séance, et je me disais : « Quoi
que tu en aies, président, on la lira tout de même !
« *Digo-li que vengue, moun bon !* »

Mais en voilà assez sur ce sujet ; il me reste à
examiner les œuvres maîtresses d'Alphonse
Daudet, c'est-à-dire celles qu'il a produites depuis
1871 : et, si je ne me hâte, la place va me man-
quer.

En 1872, il fit jouer *Lise Tavernier*, drame en
cinq actes, et, la même année, *L'Arlésienne*,
pièce en trois actes. Cette œuvre n'obtint qu'un
succès d'estime et disparut au bout de quelques
jours de l'affiche du Vaudeville. Que de poésie

cependant il y avait là et quelle ravissante musique! Mais tout cela ne ressemblait pas aux pièces ordinaires et le public n'aime pas les innovations au théâtre. Puis on ne voyait pas l'Arlésienne et les spectateurs auraient voulu voir l'Arlésienne.

Les Contes du Lundi parurent en 1873 ; *Robert Helmont*, études et paysages, en 1874 ; et, la même année, le premier de ses romans qui l'ont définitivement classé parmi les premiers écrivains contemporains : *Fromont jeune et Risler aîné*, histoire de deux associés, dont l'un, celui qui ne travaille pas, prend à l'autre sa femme et sa fortune.

Cette œuvre a été couronnée par l'Académie française.

De son roman, l'auteur a tiré, en collaboration avec M. A. Belot, un drame en cinq actes, qui obtint un grand succès (1876).

En 1876, *Jack*, histoire d'un enfant abandonné par sa mère, traversant le monde parisien en vrai martyr, à l'école et à l'atelier, et mourant à l'hôpital.

Aidé de l'éminent acteur Lafontaine, A. Daudet a tiré du livre ce drame si cruellement émouvant qui se jouait, il y a quelques semaines, à l'Odéon.

Entre temps Daudet écrivait avec Paul Arène, *le Char*, opéra-comique, musique de M. Émile Pessard (1877).

Le Nabab (1878) fit grand tapage. L'auteur a mis en scène un certain nombre de gens qui ont joué un rôle officiel dans la mascarade du second empire. Le principal personnage, dont la grandeur et la décadence forment la trame de l'œuvre, est ce Bravay, enrichi en Orient, on sait par quels moyens, et dont l'élection fut annulée trois fois par le Corps législatif, peu scrupuleux cependant.

Les Rois en exil, parus l'année dernière, et dont les éditions se sont succédé rapidement, offrent une peinture vigoureuse, mais peu faite pour inspirer le culte de la royauté.

Daudet a rédigé le feuilleton dramatique du *Journal officiel*, depuis 1874 jusqu'à la fin de l'année dernière.

****

Alphonse Daudet appartient-il réellement à l'école réaliste, comme le prétendent les adeptes de M. Émile Zola ? Non, bien certainement, si l'on doit entendre par réalistes — et c'est mon avis — ceux qui se plaisent à se vautrer dans l'horrible et le laid. Daudet peint volontiers les côtés vicieux de la société, mais ne se complaît pas dans la boue. S'il dissèque avec soin le cœur humain, comme le médecin le corps sur la table d'amphithéâtre, c'est pour surprendre dans la mort les secrets de la vie. Ses personnages ont de la chair, du sang et des os ; les caractères qu'il met en relief sont logiques dans leurs développements, le milieu où ils se meuvent est soigneusement étudié. Son style est très châtié,

et « vingt fois sur le métier il remet son ouvrage, le polissant sans cesse et le repolissant. »

****

Alphonse Daudet a le bonheur, bien enviable pour un homme de lettres, de posséder une compagne charmante, pleine de cœur et d'esprit, qui, sous les pseudonymes de *Rose-Lise* et de *Madeleine*, a collaboré à l'*Evénement* et au *Musée universel;* sous celui de *Karl Sten*, elle a écrit des revues littéraires dans le *Journal officiel;* ses meilleurs articles ont été réunis en volume sous le titre : *Impressions de nature et d'art* (1879).

Puis, pour compléter la joie de la maison, il y a un fils, M. Léon Daudet, jeune gaillard qui se permet déjà d'aller au bal travesti en compagnie de M. Georges et de Mlle Jeanne Hugo et autres graves personnages du même âge.

Alphonse Daudet demeure au carre'our de l'Observatoire; de son cabinet de travail, il peut apercevoir les restes de ce merveilleux jardin du Luxembourg ravagé par les Vandales du second empire, qui auraient tout vendu pour se procurer de l'argent, et, sur un ordre du maître, auraient brûlé le bois de Boulogne pour faire cuire un œuf à Marguerite Bellanger !

A. CAREL.

Avril 1881.

Avant qu'il eût prêté serment à l'empereur Guillaume, il n'y avait pas d'homme plus heureux que le petit juge Dollinger, du tribunal de Colmar, lorsqu'il arrivait à l'audience avec sa toque sur l'oreille, son gros ventre, sa bonne figure en fleur et ses trois mentons bien posés sur un ruban de mousseline.

"Ah ! le bon petit somme que je vais faire !" avait-il l'air de dire en s'asseyant. —

Alphonse Daudet
(contes du Lundi)

CAPIOMONT aîné, CALVET et Cie, éditeurs, 10, rue Gît-le-Cœur, Paris.

SCEAUX. IMP. CHARAIRE ET FILS.

BIOGRAPHIES CONTEMPORAINES

GIL-NAZA

E vais vous raconter l'histoire d'un vrai Parisien — *un Parisien de Paris* — peu connu de ses concitoyens jusqu'à ces dernières années, car il avait été conquérir la renommée à l'étranger avant de venir recueillir les applaudissements de ses compatriotes.

Si j'insiste sur l'origine parisienne de Gil-Naza, c'est que, avec sa carrure athlétique, sa voix sonore et son regard hautain, on ne se douterait guère que c'est là le fils d'un artisan de Paris ; et, de fait, notre artiste a bien plutôt conservé les allures de son aïeul paternel, un robuste gaillard venu dans la capitale, à l'exemple de la plupart de ses confrères d'Auvergne, pour réaliser une petite fortune en portant de l'eau et en vendant du charbon et du bois, le plus cher possible, aux habitants de la grande-ville, afin de retourner au bout de quelques années dans son pays natal jouir paisiblement du fruit de ses économies. Quelques-uns deviennent ministres ou vice-empereur ; mais c'est là une exception.

Naza est enchanté d'être fils de Parisien et petit-fils d'Auvergnat, il lui reste toujours dans les veines un peu de ce sang de la vieille Auvergne, *foustrra!* et, lors de la récente fondation de la *Soupe au choux*, il s'est montré un des membres les plus zélés de cette réunion où l'on *patoise* à cœur joie, tout en mangeant la soupe traditionnelle. Je dois dire cependant qu'il a rejeté depuis longtemps le nom patronymique de Chapoulade qui sentait trop son origine et aurait produit un singulier effet, en vedette, sur une affiche de théâtre.

David Antoine Chapoulade, dit Gilles Naza, puis Gil-Naza, est né à Paris le 18 mars 1825.

Je suis sûr que beaucoup de ceux qui le connaissent intimement vont être surpris en lisant la date de sa naissance, car, ni au théâtre ni à la ville, on ne se douterait que l'on est en présence d'un homme qui vient d'entrer dans sa cinquante-septième année. Ses cheveux noirs et frisés, sa petite moustache, ses yeux vifs et brillants, sa physionomie mobile et expressive lui ont conservé toute l'apparence de la jeunesse.

Après quelques années passées à l'école primaire, Naza fut mis tout jeune en apprentissage chez un horloger. Au bout de quelque temps, ce métier ne lui convenant pas, ses parents voulurent en faire un doreur sur métaux.

Mais les mœurs de l'atelier répugnaient à ses instincts délicats. Eh! oui, chers lecteurs, ses instincts délicats, et vous souriez en lisant ces mots, vous ne l'avez certainement vu que dans le rôle de Coupeau de l'*Assommoir* ou à un dîner de la *Soupe au choux*; mais là n'est pas tout l'artiste... tout l'homme, tant s'en faut, comme vous le verrez.

Le jeune Chapoulade, — quel drôle de nom! dorénavant je ferai comme Naza, je ne l'emploierai plus — aspirait à pouvoir exercer une profession dite libérale. Mais pour cela deux choses indispensables lui manquaient : le savoir et l'argent. Tout en continuant à travailler pour vivre, il se mit à étudier avec ardeur et acquit, par lui-même, une instruction assez complète pour qu'il pût suivre avec fruit les cours de médecine et de chirurgie.

Il devint même un praticien fort habile et, pour se créer des ressources, il exerça pendant quelque temps la profession de dentiste.

Mais, chose bizarre, le théâtre l'attirait invinciblement; laissant là ses études, il débuta à Paris sur de petites scènes de genre, puis il parcourut la province sous le nom de David.

Le directeur d'un théâtre de Bruxelles lui offrit un engagement assez avantageux, notre artiste s'empressa d'accepter; mais, au bout de quelques mois, l'*impresario* faisait faillite et abandonnait ses artistes sans ressources dans la cité brabançonne.

Naza ne perdit pas courage. Il réunit quelques-uns de ses camarades et composa ainsi une petite troupe assez convenable, dont il se nomma, *proprio motu*, le directeur.

C'était déjà quelque chose d'avoir créé une troupe à sa guise, mais ce n'était pas tout. Le propriétaire de la salle de spectacle où le nouveau directeur avait l'intention de donner ses représentations demandait des garanties pour le payement de ses loyers; Naza ne pouvait pas lui en donner, et le propriétaire demeura inflexible.

Voilà donc nos artistes sur le pavé, errants dans les rues de Bruxelles à la recherche d'un asile, tout comme la troupe du *Roman Comique* de Scarron.

Naza parvint à louer une petite salle située chaussée d'Ixelles, dans le faubourg du même nom, habité par la petite bourgeoisie, et à deux pas du quartier aristocratique de Bruxelles. Il fit construire à la hâte une scène des plus rudimentaires, installa tant bien que mal un certain nombre de banquettes très peu rembourrées, et fit afficher sur les murs de la ville : L'*ouverture du* THÉÂTRE MOLIÈRE!

Vous voyez que Naza est un audacieux, et, à ce titre, la fortune devait le favoriser. La capricieuse déesse ne fit pas mentir le proverbe latin, car le public, venu les premiers jours par curiosité, revint, parce qu'on s'amusait au nouveau théâtre si bizarrement inauguré.

La mode s'en mêla, et bientôt la clientèle du Théâtre-Molière s'accrut tellement que son malin directeur prit la résolution de... ne rien changer ni à l'aménagement de la salle, ni à son mobilier.

Ce fut peut-être une des causes de la vogue persistante qui s'attacha à l'entreprise de Naza; car, suivant le mot de Crébillon :

Le succès est souvent un enfant de l'audace.

Dès lors le directeur-artiste, désormais sûr du lendemain, put se consacrer tout entier à son art, et, abandonnant le nom de David comme il avait fait de celui de Chapoulade, il prit celui de Gilles Naza, transformé plus tard en Gil-Naza, nom qu'il a définitivement adopté et qu'il a su rendre célèbre.

Gil-Naza était tout dans son théâtre : directeur, régisseur, acteur, machiniste, décorateur et même costumier; bref, un vrai maître Jacques de théâtre.

Infatigable au travail, il exigeait de ses artistes ou employés la même activité, la même ardeur. Que de fois n'ai-je pas vu ses actrices — et je parle des premiers sujets — occupées à coudre les toiles des décors que Naza devait brosser le lendemain!

Excellent maître, d'ailleurs, pouvant jouer à lui seul tous les rôles d'une pièce, depuis l'*ingénue* jusqu'au *père noble*, en passant par le *comique*, l'*amoureux* et le *traître*.

Il se montrait impitoyable pour ses interprètes. Dans les couloirs intérieurs de son théâtre, il n'était pas rare de le voir se promener, les mains derrière le dos, en long et en large, et arrêter carrément la représentation, en gourmandant l'acteur en scène et lui donnant l'intonation.

Et les braves Bruxellois de s'extasier en hochant la tête et en se murmurant à l'oreille : « En voilà un directeur qui connaît son affaire, *savez-vous pour une fois!* »

Naza se montrait même parfois brutal envers ses artistes, ce qui ne l'empêche pas d'avoir fait d'excellents élèves, parmi lesquels il convient de citer Jeanne Andrée, Aimée et Zulma Bouffar.

Le directeur du Théâtre-Molière était fort aimé dans son faubourg; il allait sans façon, à l'exemple d'Hyacinthe, le célèbre comique du Palais-Royal, faire lui-même chaque matin ses provisions, causant familièrement avec les fournisseurs.

Il était devenu aussi la coqueluche de toutes les jolies filles dont il extirpait *gratis* les quenottes avariées, pour n'en pas perdre l'habitude, disait-il en riant; on ne sait pas ce qui peut arriver. Il s'amusait aussi à redresser les erreurs de la nature en remettant en place des dents mal rangées, et qui défiguraient de fort jolis minois.

Tout cela n'empêchait pas l'artiste d'être fort recherché par la haute société bruxelloise, aussi bien pour son talent fort original que pour sa gaieté exubérante et communicative.

Il se lia avec toutes les célébrités artistiques et littéraires que renferme la capitale de la Belgique; surtout avec les Français que les vicissitudes de la politique amenaient en ce pays.

Au bout de quelques années d'exploitation de son théâtre, Naza avait amassé un capital assez respectable, mais il devait quitter la petite salle où il avait obtenu tant de succès.

Quelle résolution va-t-il prendre? Ira-t-il, à l'exemple de ses ancêtres d'Auvergne, vivre modestement dans un coin retiré? Il y songea sérieusement. D'un autre côté, sa réussite prodigieuse l'engageait à continuer son exploitation théâtrale en choisissant une plus vaste scène.

Il consulta à ce sujet l'intelligente compagne avec laquelle il avait contracté une union « morganatique. » Celle-ci lui conseilla de rester à Bruxelles et excita l'ambition dans le cœur de son « ami. »

C'est alors que Naza fit construire à l'entrée du faubourg d'Ixelles, et à proximité des grands boulevards, un joli théâtre, un théâtre « pour de vrai » dont Molière, son patron, n'a pas à rougir. Rien ne fut épargné, le sculpteur Poitevin, chargé de la décoration extérieure, a exécuté une merveille de bon goût; de l'intérieur, on fit une véritable bonbonnière. Mais l'argent amassé fut loin de couvrir les dépenses et Naza fut obligé de contracter d'assez lourdes dettes pour mener à fin son entreprise.

Plein de foi dans l'avenir, Gil-Naza ouvrit son nouveau théâtre et le public répondit encore une fois à son appel. Tout allait donc pour le mieux lorsque la guerre de 1870 éclata :

L'artiste se souvint qu'il était français, et, tandis que tant d'autres qui auraient dû rester se sauvaient à l'étranger recueillir de l'or, des décorations et des places lucratives, il vint, lui, tout simplement, s'enfermer dans Paris assiégé. Reprenant son ancienne profession de chirurgien, il fit partie d'une ambulance en qualité d'aide-major.

Quand il retourna à Bruxelles,

De son domaine tout l' monde était parti,

je veux dire tous ceux qu'il croyait y trouver. Les créanciers s'étaient emparé de son théâtre et l'exploitaient pour leur compte.

Après un moment de fureur, facile à comprendre, Gil-Naza consentit à abandonner les bénéfices du théâtre Molière pour acquitter ses dettes et partit *seul* pour l'Italie.

Il revint à Paris en 1874, au moment où Lafontaine venait de quitter l'Odéon.

M. Duquesnel était fort embarrassé pour remplacer cet artiste qui avait joué d'une façon si magistrale le rôle du cardinal Mazarin dans la *Jeunesse de Louis XIV*. Le succès de cette reprise était loin d'être épuisé et le directeur comptait faire la réouverture de la saison théâtrale avec cette même pièce.

Mais où trouver un Mazarin? On lui dit que Gil-Naza était à Paris et qu'il accepterait peut-être de jouer ce rôle. Duquesnel connaissait l'artiste de réputation, mais il avait peur d'avoir à subir des prétentions exagérées; cependant il consentit à une entrevue, et quelle ne fut pas sa surprise quand Naza lui proposa de jouer n'importe quel rôle *sans appointements!*

Duquesnel crut d'abord à une plaisanterie; mais Naza insistant, il lui proposa de jouer le rôle de Mazarin, ce qui fut immédiatement convenu.

On se souvient quelle autorité Naza donna à ce rôle, sans redouter en rien la comparaison avec son illustre prédécesseur. Son étonnante faculté d'imitation lui servit surtout dans le jargon italianisé du cardinal.

Duquesnel enthousiasmé résolut de conserver à tout prix cet artiste si original. Il lui confia la création du principal rôle dans *Un drame sous Philippe II*, pièce en quatre actes et en vers de M. Porto-Riche. Ce drame, joué le 15 avril 1875, n'eut que peu de succès, malgré les réclames insensées que la presse fit à l'auteur, mais il permit à Gil-Naza de montrer avec quel soin et quelle science il savait créer un personnage.

Sa seconde création, à l'Odéon, fut celle du vieux cosaque Mosy, dans l'*Hetman*, drame en cinq actes et en vers de M. Paul Deroulède. L'artiste fit encore preuve d'une remarquable intelligence dans ce nouveau rôle.

Quelques mois après, le 21 avril 1877, Gil-Naza reprenait dans *Mauprat*, de George Sand, le rôle si difficile de Jean le Tors. L'illustre écrivain l'avait choisi pour ce personnage. Voici la lettre que George Sand écrivait au directeur de l'Odéon.

« Cher ami,

« Avec une bonne distribution, une bonne mise en scène comme vous les savez faire, et avec des coupures qui sont toujours utiles, je crois que *Mauprat* peut avoir un *resuccès*.

... « Je tiens beaucoup à Gil-Naza pour le personnage épisodique de Jean le Tors; je le connais fort peu, mais il m'a paru original et très intelligent.

« Il est venu me voir il y a quelques mois et m'a bien amusée; il a un grand talent d'imitation, et tout en causant, il m'a fait votre charge en me jouant une conversation qu'il a eue avec vous... »

George Sand ne s'était pas trompée; Naza fut

superbe et produisit une immense impression sur le public.

Les matinées de l'Odéon montrèrent l'artiste sous un nouveau jour dans le répertoire classique ; il fut très remarqué dans les rôles de *Tartufe* et d'*Harpagon*.

Gil-Naza était rapidement devenu célèbre à Paris, et les directeurs se le disputèrent comme un élément de succès.

Le premier soin de M. Chabrillat, lorsqu'il prit la direction de l'Ambigu, fut de s'assurer le concours de Gil-Naza ; il l'engagea comme premier rôle en tous genres, et ce fut par une reprise de la *Jeunesse de Louis XIV* qu'il ouvrit son théâtre.

La première création de Naza à l'Ambigu fut le prince Henri Borowski, dans la *Princesse Borowska*, pièce en cinq actes, de M. Pierre Newski. Malgré tout le talent déployé par l'artiste, l'œuvre ne vécut qu'un mois.

Alors vint l'*Assommoir*, drame tiré du roman d'Émile Zola (1879). Tout le monde se souvient de l'impression de terreur que produisit Naza dans ce rôle écrasant. Le fameux *delirium tremens* ne sortira jamais de la mémoire de ceux qui l'ont vu.

Puis Naza joua encore à l'Ambigu le rôle de *Robert Macaire*, dans lequel Frédérick Lemaître a laissé d'ineffaçables souvenirs. Certes Naza ne l'a pas fait oublier, mais le grand Frédérick aurait-il joué Coupeau avec autant d'audace que Naza ? Cela est douteux.

Aussi avec quel soin l'artiste avait-il étudié son horrible personnage ! Il est vraiment regrettable d'employer un si remarquable talent pour rendre un type aussi hideux.

.·.

Un soir de cet hiver, en traversant les Halles, je rencontrai Gil-Naza. Je l'avais beaucoup fréquenté à Bruxelles, lorsqu'il faisait bâtir son théâtre, nous nous trouvions réunis presque tous les soirs en compagnie de plusieurs compatriotes. Je l'avais retrouvé plus tard à Paris, alors qu'il jouait à l'Odéon.

Puis les hasards de l'existence parisienne nous avaient de nouveau séparés, et je n'avais plus revu l'artiste qu'en scène.

Nous fûmes donc l'un et l'autre très heureux de cette rencontre fortuite. Nous avions tant de choses à nous dire !

Naza salua un vieux mendiant à qui il avait offert une soupe de deux sous tout en en mangeant consciencieusement une de son côté ; pour ne pas *l'humilier* me dit-il, et nous voilà partis bras dessus, bras dessous.

Après avoir donné un souvenir à nos amis disparus dans ces dernières années, Victor Jolly et sa toute gracieuse femme, Charles Baudelaire, Albert Glatigny, Poulet-Malassis et tant d'autres encore, nous en arrivâmes tout naturellement à parler théâtre.

— Comment avez-vous pu, lui demandai-je, créer un type aussi effrayant de réalisme que celui de Coupeau, vous que j'ai toujours connu jouant les jeunes premiers ou les rôles nobles comme celui de Mazarin ? La seule lecture du livre de Zola n'a certainement pas suffi pour changer à ce point votre manière.

— Oh ! non, me répondit-il, et ce rôle m'a coûté tant de travail et de recherches ; j'ai été obligé de voir des choses si hideuses et d'aller dans des bouges tellement ignobles pour étudier mes modèles, que cette création m'a profondément dégoûté du théâtre.

— Dégoût momentané, répliquai-je.

— La célébrité que m'a valu le rôle de Coupeau me pèse comme un remords, j'ai peur que désormais mon nom reste attaché à cette création et qu'on oublie tout le reste de ma vie d'artiste.

— N'ayez crainte, lui dis-je, le public parisien est intelligent ; il rend justice au talent et ne confond jamais l'individualité du comédien avec le personnage qu'il représente, quelque hideux que soit ce personnage.

Puis je revins à ma première question.

— Je sais, me répondit Naza, qu'en votre qualité d'homme de lettres, vous aimez à tout voir et à vous rendre compte par vous-même des choses dont vous aurez à parler un jour ou l'autre. A Bruxelles déjà, nous avons fait ensemble de curieuses excursions, nous avons visité des bouges immondes, où nous avons fait d'étranges découvertes. Eh bien, je vais vous montrer tout à l'heure que notre beau Paris renferme encore dans son sein des repaires qui ne le cèdent en rien aux *tapis francs* d'Eugène Sue, et pas n'est besoin pour cela d'aller aux extrémités des boulevards extérieurs : au centre même, la police tolère ces bouges qui lui servent de souricières. Tantôt je vous conduirai chez le *Père-Lunette*.

J'acceptai volontiers, nous prolongeâmes, tout en causant, notre dîner, et, vers minuit, nous nous dirigeâmes vers l'ancien quartier latin...

.·.

Non loin de la place Maubert, dans la rue des Anglais, se trouve une boutique de chétive apparence. Sur la devanture, est peinte une énorme paire de lunettes, et, au-dessus, cette enseigne engageante :

Entrons chez le père Lunette. Et c'est tout !

On pénètre dans une salle longue et formant boyau : à droite un immense comptoir en zinc chargé de bouteilles ; des bouteilles encore, tout le long du mur ; à gauche, toujours des bouteilles et des bocaux, et au-dessous, un large banc de bois allant d'un bout à l'autre de la salle. Sur ce banc, sept ou huit femmes de tout âge, depuis l'horrible vieille déguenillée jusqu'à la toute jeune fille dont les traits flétris accusent une vie de misère et de débauche précoce. On en est à se demander si ces pauvres filles ont jamais été vierges !

.·.

Nous passâmes ensuite au SALON, séparé de la boutique par une cloison vitrée. Cette pièce est meublée de tables et de bancs en bois, serrés les uns contre les autres. Au mur sont appendus les portraits de Hoche et de Marceau au fusain, — on ne sait trop ce que les deux héros de la République viennent faire dans cette galère — puis un grand cadre, représentant Frédérick Lemaître dans ses différents rôles ; ces découpages ont longtemps figuré à l'étalage d'un marchand de bric-à-brac du boulevard Saint-Germain. Le nouveau propriétaire de l'établissement du *Père-Lunette* l'aura acheté probablement pour faire une gracieuseté à son client Naza.

L'entrée de l'artiste au *Salon* fut accueillie par un grognement de satisfaction. Les vieux déclassés, assis autour des tables, se figurent sans doute que c'est des leurs, parce qu'il trinque avec eux et parle comme eux la *langue verte*.

Dans un coin un homme jeune encore, aux traits émaciés, hurlait la fameuse chanson d'Alexis Bouvier : *La canaille*. Dans un autre coin, des voix avinées beuglaient des chants patriotiques (oh !) ; puis les femmes qui nous avaient suivis disaient d'une voix éraillée :

> Une nuit d'orgie
> Pour moi n'est qu'un jeu...

Seule la plus jeune chantait sans entrain, et même il m'a semblé lui voir essuyer furtivement une larme.

Pauvre, pauvre fille !

Une des plus laides et des plus vieilles nous dit qu'elle n'avait pas mangé depuis longtemps. Naza lui fit donner un énorme morceau de pain avec du fromage qu'elle dévora.

J'en avais assez vu, j'étais écœuré ; je me levai et entraînai mon ami. Comme nous allions sortir, nous rencontrons une épouvantable tête sans oreilles ; celui qui portait cette tête se prétendait victime de ses convictions politiques ! Oh ! par exemple, après celui-là, il n'y avait plus qu'à ga-

gner la porte... c'est ce que je fis avec empressement. Deux minutes après, je ressentais une véritable sensation de bien-être en respirant l'air relativement pur du boulevard Saint-Germain.

— Ce que vous venez de voir n'est rien encore auprès de ce que j'ai étudié, me dit Naza. J'ai dû faire sur les autres et sur *moi-même* l'expérience des effets produits par les différentes ivresses, bière, vin, alcool, absinthe, etc., etc. ; et je me suis enfermé à Bicêtre et à Sainte-Anne pour examiner les divers types d'alcoolisés !

.·.

Je savais ce dernier détail, mais je le connaissais surtout par son côté gai. Les internes de ces asiles avaient conservé un singulier souvenir de l'artiste qui avait obtenu l'autorisation d'habiter quelque temps avec eux. Naza qui est grand mangeur et a la prétention de rendre des points au fameux Trompette dans l'art culinaire, ajoutait à l'ordinaire des repas quelques plats de son invention. Or, ses plats sont excentriques comme sa personne, et ses goûts sont aussi variés que son jeu. Si les internes n'ont pas eu l'estomac brûlé un jour, s'ils n'ont pas été constipés un autre jour, enfin s'ils ont pu échapper à l'empoisonnement, c'est qu'ils avaient les antidotes nécessaires sous la main !

.·.

Naza prétend aussi avoir inventé une recette unique et délicieuse pour confectionner l'aïoli. Unique, j'y consens volontiers ; délicieuse c'est autre chose et je vous engage à vous en défier. Du reste je vais la faire connaître, sa fameuse recette, au risque de me brouiller à tout jamais avec lui.

Un beau matin, il alla déjeuner avec un ami qui habitait Saint-Mandé. Le repas fut copieux et se prolongea jusqu'à quatre heures, laissant peu d'appétit pour le dîner.

— Pas d'appétit ? dit Naza. Je me charge de vous en faire avoir. Laissez-moi entrer avec le chef dans la cuisine.

On servit bientôt quelques tranches de fricandeau et une pâtée informe et infecte dont l'ami ne put avaler qu'une bouchée, et encore... Naza absorba jusqu'au dernier atome, en donnant les marques d'une véritable jubilation.

Le lendemain, le restaurateur apporta la note de la pâtée : Naza y avait pilé *trois têtes d'ail* et employé *deux livres de beurre !*

Il appelle cela l'aïoli !

L'ami n'osa sortir de toute une semaine à cause de l'odeur qu'il exhalait.

.·.

J'ai raconté aussi brièvement que possible l'existence de cet excentrique de l'art et de la vie ordinaire. Physionomie curieuse à examiner, mobile et changeante à l'excès, il y a là au physique comme au moral, un mélange de Molière, auquel il ressemble d'une façon étrange, de Nadar, le bohème et d'André Gill, le satirique.

L'autographe que nous reproduisons dépeint bien l'homme.

Violent parfois jusqu'à la brutalité, on rencontre chez Naza des douceurs infinies et des délicatesses exquises, comme de faire venir de Nice, en plein mois de décembre, une caisse de violettes pour ensevelir une femme qu'il avait aimée.

Au dernier anniversaire de Victor Hugo, Gil-Naza, — qui a étudié sans frémir toutes les misères humaines, qui a fréquenté sans peur les bouges les plus infects, pour saisir le vice dans toute sa hideur, — à la vue de ces bannières déployées, aux merveilleux accents de la *Marseillaise* éclatant sous l'Arc-de-l'Étoile, devant cet hommage rendu au génie, Gil-Naza, dis-je, pleurait comme un enfant !

A. CAREL.

Avril 1881.

CAPIOMONT aîné, CALVET et Cⁱᵉ, éditeurs, rue Git-le-Cœur, Paris.

BIOGRAPHIES CONTEMPORAINES

JULES CAZOT

C n'est pas sans une certaine surprise qu'on apprit, un beau matin, par l'*Officiel* que M. Jules Cazot venait d'être nommé garde des sceaux, ministre de la justice.

Parmi tous les noms mis en avant dans les diverses combinaisons ministérielles qui circulèrent tant que dura la crise occasionnée par la retraite de M. de Freycinet, jamais celui de M. Cazot ne fut prononcé. C'est que, en homme habile, le futur ministre faisait peu de bruit mais beaucoup de besogne. Il se frayait en silence un petit chemin qui conduit tout doucement au pouvoir. Il savait que le dispensateur des portefeuilles était M. Gambetta, et, profitant de ses anciennes relations avec l'ex-chef du gouvernement de la Défense nationale en province, il avait su se faire bien venir au palais Bourbon; laissant tranquillement les autres compétiteurs se remuer et se compromettre, il attendait avec sécurité—il était sûr de son affaire.

L'orsqu'on vit à l'*Officiel* ce nom auquel personne ne songeait et qui ressemblait à une génération spontanée, ceux qui ne suivent pas de très près les intrigues de la politique ou qui ne sont pas du Gard, furent un peu déroutés, d'aucuns mêmes commirent un assez singulier *quiproquo*.

— Comment, Cazot, ministre de la justice! mais il me semblait que c'était un bonapartiste militant?

— Oh ! vous faites erreur, répondait un autre mieux informé. Celui dont vous parlez est député des Hautes-Alpes et s'écrit z-e-a-u-x, tandis que l'autre s'écrit z-o-t. Le premier, en qualité de substitut du procureur impérial a souvent occupé le siège du ministère public dans les procès politiques, tandis que l'autre se trouvait au banc de la défense. Le nouveau garde des sceaux est au contraire très avancé, il a été président de l'Union républicaine et il vote habituellement avec l'extrême gauche.

— Allons, tant mieux ! cela prouve que le nouveau cabinet va marcher résolument dans la voix des réformes.

Hélas ! encore une illusion perdue !

. . . .

Cazot (Théodore-Joseph-Jules), né à Alais (Gard) le 11 février 1821, fit ses « humanités » au collège communal de cette ville; son père y occupait un petit emploi.

Il entra à l'école de droit de Paris pendant l'année scolaire 1840-41. Après avoir passé de brillants examens, il fut lauréat de la Faculté. Il obtint, en 1843, le premier prix de droit français et la première mention de droit romain.

Reçu docteur en droit en 1845, il se fit inscrire au barreau de Paris et plaida quelques affaires importantes. Sans être un très brillant orateur, M. Cazot possède une grande facilité d'élocution, il sait exposer clairement son sujet et en déduire toutes les conséquences. Après avoir donné des répétitions de droit pendant quelque temps, il voulut entrer dans l'enseignement et prit part à un concours pour une place de professeur suppléant à l'École de droit. Déclaré admissible après les épreuves préparatoires, il échoua aux épreuves définitives; ses opinions politiques furent pour beaucoup dans son échec.

L'avocat Cazot se lança alors dans la politique militante. En 1848, il retourna dans le Gard et fit une active propagande républicaine. Il prononça de très nombreux discours principalement à Alais, à Uzès et à Nîmes. Sa parole chaude et colorée, son accent convaincu attirèrent bien des adhérents à la cause républicaine parmi ces patriotiques populations du Midi, si amoureuses de liberté.

Pendant la période réactionnaire qui ne tarda pas à succéder aux généreux élans de la Révolution de février, l'avocat sincèrement républicain mit son éloquence et ses convictions au service des accusés politiques si nombreux à cette funeste époque.

En 1851, il fut chargé de la défense de Ode, Gent et Longomazzino, compromis dans l'affaire dite du complot de Lyon. Par suite des obstacles apportés à la liberté de la défense, les avocats refusèrent de plaider et se retirèrent. M. Cazot fut chargé par Michel de Bourges, Bancel, Madier-Montjau et Jules Favre d'effectuer le pourvoi en révision des 41 condamnés. Mais qu'attendre des juges pourris de ces tribunaux exceptionnels ? Ode, Gent, Longomazzino furent les premiers transportés à Nouka-Hiva, terrible lieu de déportation récemment adopté par la misérable Assemblée législative.

Lors du crime du Deux Décembre, l'avocat Cazot se trouvait à Paris. Quand on lui demande ce qu'il a fait pendant ces fatales journées, il répond d'une façon évasive. Le hasard m'a mis à même de renseigner les curieux à ce sujet. Deux de ses compatriotes et amis, croyant comme lui que d'autres excellents républicains, qu'on devait résister à la force par la force, avaient pris le fusil et étaient venus chercher le futur ministre qui demeurait alors rue des Fossés-Saint-Honoré, aujourd'hui rue Jean-Jacques-Rousseau, pour l'emmener avec eux faire le coup de feu ; mais celui-ci refusa de sortir sous prétexte de maladie et resta prudemment dans sa chambre jusqu'à ce qu'il lui fut permis de retourner dans son département.

Les bandits qui s'étaient emparé de la France, ne surent aucun gré à M. Cazot de sa prudente réserve, et, ne se souvenant que de sa propagande républicaine, ils l'arrêtèrent dès son arrivée à Alais et le tinrent quatre mois en prison.

Pendant sa détention, l'avocat républicain eut le tort d'écrire la lettre suivante que je trouve dans l'*Union républicaine* d'Alais. Ce fut un manque de dignité, qui, du reste, ne lui profita guère.

Monsieur le juge d'instruction,

Dans mes interrogatoires j'ai déclaré que je n'étais point à Alais lors des événements des 5 et 6 décembre, et que depuis deux ans je ne m'occupais de politique qu'en tant que la politique se rattachait aux causes que j'étais chargé de plaider.

Je crois devoir revenir sur ces deux points qui me paraissent être restés dans le vague, et je viens vous prier de vouloir bien joindre à mon dossier la lettre que j'ai l'honneur de vous adresser.

J'ai quitté Alais à la fin d'octobre ou dans les premiers jours de novembre de l'année 1849. Je suis allé à Paris concourir pour une chaire de droit. Ce concours a duré pendant les mois de décembre, janvier et février. Ma candidature ayant échoué, je suis resté à Paris occupé à donner des répétitions de droit, jusqu'à la fin d'octobre 1850, époque de mon retour à Alais.

Depuis cette époque, je ne suis sorti de chez moi que pour aller défendre des prévenus ou des accusés politiques devant diverses juridictions. Je n'ai pas fait d'autres voyages, même dans un but de distraction et de plaisir.

Je suis parti pour Lyon à la fin de juillet dernier; j'y suis resté pendant tous les mois d'août, septembre, octobre et les premiers jours de novembre.

Revenu à Alais, j'y ai passé quelques jours. Je suis retourné à Lyon où je plaidais devant le premier conseil de guerre du 25 novembre. Je n'ai été de retour à Alais que le 12 décembre au soir.

Veuillez je vous prie, Monsieur le juge d'instruction, excuser mon importunité et agréer les sentiments avec lesquels j'ai l'honneur d'être votre très humble et très obéissant serviteur.
                              Jules Cazot.

Maison d'arrêt d'Uzès, le 28 janvier 1852.

Par décision de la Commission mixte du Gard, Jules Cazot fut interné à Montpellier où il resta trois ans.

J'ai vainement consulté le livre d'Hippolyte Magen intitulé le *Pilori*, pour donner ici le nom des membres de cette Commission, car on ne saurait trop souvent, quand l'occasion s'en présente, livrer au mépris des honnêtes gens les noms de ceux qui se trouvèrent assez dépourvus de sens moral et d'honneur pour se charger de la hideuse besogne des Commissions mixtes que le vieux Dufaure lui-même a cru devoir flétrir du haut de la tribune de l'Assemblée nationale dans les termes suivants :

« Les magistrats des Commissions mixtes ont jugé sans entendre, ils ont inventé des peines sans nom pour des délits inconnus. Le croirait-on ? Est-ce bien vrai ? Des magistrats ! Mais ces gardiens de la loi avaient donc brisé les tables de la loi ? Quoi ! en 1852, soixante ans après la création de notre procédure criminelle, le témoignage devant l'accusé, les magistrats l'abolissent ? C'est dans le cabinet du préfet que trois hommes, tous trois fonctionnaires, prononcent en secret, mystérieusement, tout seuls, toutes ces odieuses condamnations ? Je m'arrête en me demandant si jamais, dans l'histoire de notre magistrature française, rien de semblable s'était vu. »

Il avait des étonnements naïfs, le vieux Dufaure !

Ce qui ne l'a pas empêché, lui, devenu garde des sceaux, de conserver et de protéger cette même magistrature qu'il avait si rudement malmenée.

Malheureusement, par suite d'un oubli bien involontaire certainement, le département du Gard — un des plus maltraités — manque à la nomenclature si exacte dressée par Magen.

En 1854, Jules Cazot revint à Paris et ouvrit un cours libre de droit qui, jusqu'en 1870, attira de nombreux auditeurs. Beaucoup d'anciens élèves de M. Cazot font aujourd'hui partie du Sénat ou de la Chambre des députés.

Dans les dernières années de l'empire, M. Cazot se présenta comme candidat radical dans son département ; il échoua grâce aux tripotages qu'on connaît, encore fallut-il que l'administration déployât une vigueur exceptionnelle pour empêcher son élection.

Après le 4 septembre 1870, Jules Cazot fut nommé secrétaire général du ministère de l'intérieur, puis envoyé comme représentant ce ministère près de la délégation du gouvernement à Tours.

Il se mit de suite à l'œuvre, déploya la plus grande activité et fit preuve d'un ardent patriotisme. C'est lui qui proposa et fit décréter de nombreuses mesures pour la Défense nationale, entre autres la mobilisation de la garde nationale.

Lorsque Gambetta arriva à Tours, et reprit la direction des affaires, il félicita chaudement celui qui l'avait remplacé jusqu'alors et Cazot resta chargé de l'organisation de la garde nationale mobilisée jusqu'au moment où elle fut mise à la disposition du ministre de la guerre.

Cazot n'y allait pas de main morte ; il avait décrété « la levée en masse. » Cela avait produit en province un moment de stupeur qu'il s'agissait de calmer. J'ai sous les yeux un billet curieux de Gambetta à ce sujet :

« Tours, le 18 novembre 1870.

« Mon cher Cazot,

« Je n'ai point vu votre circulaire du 2 novembre sur la levée en masse. Je pense que vous l'avez lancée et que vous avez fait bien sentir aux préfets qu'il n'y avait là qu'un coup moral et que l'exécution ne devait suivre que sur ordre.

« A vous,
                    « Gambetta. »

Tout en s'occupant à enrôler le plus d'hommes possible pour la défense de la patrie, Cazot ne négligeait pas la partie administrative et songeait en même temps à soulager les misères résultant fatalement des nombreuses levées qui enlevaient à tant de familles leurs soutiens naturels. Voici une lettre qui fait le plus grand honneur à celui qui l'a écrite ; j'ai eu l'original entre les mains et elle n'a jamais été publiée, que je sache, non plus que les autres pièces que je donne ici.

Lettre de Cazot à Gambetta.

• 27 novembre 1870.

« Je lis dans le *Moniteur* d'aujourd'hui une circulaire portant votre signature et relative à l'exécution d'un décret du 22, lequel ouvre un crédit de 6 millions pour venir en aide aux familles reconnues nécessiteuses.

« Il y a quelques jours j'ai eu l'honneur de soumettre à votre approbation avant de le présenter au gouvernement un projet de décret ayant le même but et affectant en outre le crédit de 6 millions concurremment avec d'autres moyens financiers à des travaux d'utilité communale.

« J'eus le chagrin de ne pas obtenir votre assentiment. Vous me rappelâtes le souvenir des Ateliers Nationaux et le peu de temps que vous aviez à me donner ne me permit pas de vous convaincre.

« M. le garde des sceaux, lors d'une visite dont il m'honora, m'ayant entretenu des moyens de réaliser pratiquement l'article 6 du décret du 2 novembre, je lui communiquai le rapport dont je vous avais donné lecture et le décret en projet qui en était la suite.

« Il y a donc tout lieu de penser que le décret adopté le 22 par le gouvernement est le même que celui dont je vous avais donné connaissance.

« Cependant les termes de la circulaire me suggèrent à cet égard des doutes sérieux.

« D'abord il n'y est plus question des autres ressources dont j'avais parlé dans mon projet. Ensuite il n'y est pas parlé de travaux à exécuter. Le crédit de 6 millions est bien insuffisant. Les dépenses non reproductives d'utilité ont perdu le caractère que je leur avais assigné.

« Quoi qu'il en soit, je viens donc vous prier, monsieur le ministre, de vouloir bien donner des ordres pour que la minute du décret soit réintégrée au secrétariat général.

« Chargé de l'exécution de ce décret, qui rentre dans les attributions communales, je manquerais à mon devoir si je ne vous signalais les inextricables difficultés d'exécution que présente la circulaire.

« La répartition entre les communes du crédit de 6 millions ne serait pas équitable si elle n'était proportionnelle, à supposer qu'il n'y ait qu'une famille nécessiteuse par commune, (j'admets l'hypothèse pour la commodité du raisonnement), il va donc falloir établir 38 mille règles de proportion.

« Je regrette vivement de ne pas avoir été entendu. J'eusse rappelé au Gouvernement que s'il s'agissait seulement de distribuer des secours aux familles nécessiteuses qui ont des membres sous les drapeaux, il y a déjà un crédit de 50 millions affecté à cet objet et qui est loin d'être épuisé. 35 millions sont restés à Paris à la disposition du ministre des finances; sur les 15 millions restants, 600,000 fr. (six cent mille francs) seulement ont été dépensés. Mon projet portait plus loin. Il avait pour but de secourir toutes les familles nécessiteuses en dépouillant ces secours du caractère de mendicité et leur donnant celui de juste rémunération d'un travail utile.

« Je ne mériterais pas la confiance que vous m'avez toujours témoignée, si je ne vous soumettais pas de respectueuses observations. Je ne sépare pas dans ma pensée votre gloire du salut de la patrie. Les actes de Gambetta ne doivent pas être critiqués. »

Réponse de Gambetta.

« Mon cher ami,

« Je trouve vos observations fondées et je vous prie d'aller de ma part voir le garde des sceaux qui a apposé ma signature à son décret, et faites lui rédiger un décret supplémentaire de nature à *agréger* toutes vos dispositions. »

*

Les deux pièces qui suivent appartiennent à cette sombre époque et donnent la note des sentiments qui régnaient alors dans les sphères gouvernementales :

Cazot à Gambetta.

« Monsieur le ministre,

« Je viens de recevoir la visite du préfet d'Eure-et-Loir qui entre autres choses m'a prié de faire retirer du *Moniteur* les termes de la capitulation de Chartres, quelqu'honorables que puissent être les termes de cette capitulation, je suis d'avis qu'il serait d'un funeste exemple de leur ouvrir les colonnes du *Journal Officiel*. Chartres obscurcirait Châteaudun. Sous cette réserve, je ferai exécuter les ordres que vous voudrez bien me donner. »

Réponse de Gambetta.

« Publier la plus honorable des capitulations, c'est déshonorant. »

*

Les deux dépêches suivantes expédiées coup sur coup montrent qu'en ce moment où l'ennemi était partout victorieux, Gambetta et ses collègues avaient encore l'espoir de sauver la patrie.

Gambetta à Cazot.

24 décembre 1870.

« Je vous remercie de votre dépêche. Je compte sur votre vigilance et votre ponctualité Je ne veux être trompé ni d'un jour ni d'une heure. Multipliez-vous. Le moment est aux grands efforts, car, si je ne me trompe, L'ENNEMI CHANCELLE. »

Gambetta à Cazot.

24 décembre 1870.

« Je vous remercie de votre patriotique activité. J'ai écrit à Freycinet de vous voir afin d'utiliser ces précieuses ressources et de pousser vivement ce Midi sur l'ennemi; NOUS LE TENONS (!) »

*
*

Lorsque tout fut fini et que la capitulation de Paris vint détruire la suprême espérance, Gambetta donna sa démission ou plutôt on lui arracha dans les circonstances que tout le monde connaît. Le secrétaire général Cazot voulut suivre la fortune de son chef et voici la dépêche qu'il envoya aux membres de la Défense nationale :

Cazot, secrétaire général délégué, à gouvernement.

« 7 février 1871.

« Associé pendant cinq mois à la politique de l'éminent citoyen qui vient de quitter le ministère de l'intérieur et de la guerre, j'ai le devoir de le suivre dans sa retraite. Je viens donc confirmer la démission verbale, qu'avant de quitter Bordeaux, je lui ai spontanément donnée, en vue d'une éventualité aujourd'hui réalisée et qu'en mon nom il a fait connaître au Conseil du gouvernement. »

Si j'ai appuyé sur la part que prit M. Cazot, au gouvernement du Quatre Septembre, c'est qu'en somme, sa conduite à cette époque n'a rien que de très honorable. Les pièces qui m'ont été communiquées ont acquis une valeur historique, et serviront peut-être un jour.

*

Jules Cazot, en quittant le pouvoir, n'avait nullement l'intention de rentrer dans la vie privée. Il se présenta aux élections générales de février 1871 pour l'Assemblée nationale, dans le département du Gard, mais le suffrage universel était alors complètement dévoyé, et Cazot, qui avait cependant conservé une grande influence dans son pays, ne fut nommé qu'aux élections complémentaires du 2 juillet de la même année. Il obtint 54,949 sur 97,257 votants.

Il prit place sur les bancs de la gauche, et fit partie de l'Union républicaine, dont il fut même élu président, ce qui ne l'empêcha pas de voter la plupart du temps avec l'extrême gauche, ainsi que je l'ai déjà dit.

Il défendit avec ardeur la cause républicaine dans les réunions publiques.

Depuis 1871, il représente le canton d'Anduze au Conseil général du Gard.

L'Assemblée nationale le nomma sénateur inamovible, le 16 décembre 1875, par 305 voix sur 591 votants.

*
*

Lorsque, après la retraite de M. de Freycinet, M. Jules Ferry fut chargé de composer un nouveau ministère, il choisit M. Jules Cazot pour ministre de la justice.

Grand émoi dans le département du Gard, les habitants, de cet heureux département, — et surtout les Alaisiens — se précipitèrent à la curée des places dont pouvait disposer leur compatriote. Il faut reconnaître qu'en général, le choix du nouveau ministre fut heureux, et que les personnes auxquelles il accorda des faveurs sont, pour la plupart, dignes d'occuper les emplois qui leur furent confiés ; mais, c'est égal, les concitoyens du garde des sceaux ont été par trop favorisés.

Il fallait entendre les Alaisiens avec leur enthousiasme méridional, s'écrier : « Vous allez voir comment tout va marcher à présent, nous connaissons Cazot, on n'aura pas facilement raison de celui-là. »

Eh bien ! je dois dire que je n'ai rien vu du tout. Ah ! pardon, j'ai vu que l'ancien radical a mis une ou plusieurs sourdines à ses opinions; qu'il se montre tout disposé à brûler ce qu'il a adoré. (Mais il paraît que c'est comme cela que ça doit se passer quand on arrive au pouvoir, puisque tous ceux que j'ai connus ont fait la même chose).

Cette observation a été remarquablement développée dernièrement par la *Justice*, à propos de la singulière attitude qu'a prise M. Cazot lors de la demande en autorisation de poursuite déposée à la Chambre par madame Eyben contre M. Andrieux, alors préfet de police.

Voici comment s'exprime notre confrère :

« Il y aurait une étude curieuse à faire sur un empoisonnement particulier : l'empoisonnement par l'exercice du pouvoir.

Voilà un homme qui fut toute sa vie un républicain ferme dans les plus cruelles épreuves(?) un juriste savant et sûr. Il entre au ministère de la justice, et c'est lui qui soutient ces thèses d'ordre moral, pour empêcher une femme d'obtenir justice !

Comment, quand il parlait devant la commission, ne s'est-il pas arrêté en se disant : « Mais ce n'est pas moi, c'est M. de Broglie qui parle.»

Le 16 Mai avait inventé quelque chose d'analogue. Une loi avait supprimé l'interdiction de vente des journaux sur la voie publique. En combinant je ne sais quels articles d'autres lois, le 16 Mai se remit à interdire la vente des journaux comme si la loi n'avait pas été votée.

On a abrogé l'article 75. Peu m'importe, dit M. Cazot; j'ai mieux que cela. L'autorisation du Conseil d'État n'est plus nécessaire pour poursuivre un fonctionnaire. Soit. Eh bien ! on ne peut pas le poursuivre du tout !

Je laisse de côté le débat juridique. Je prends la question politique. Comment M. Cazot n'a-t-il pas senti combien il est dérisoire de prétendre qu'en abrogeant l'article 75 on n'a rien abrogé du tout ?

Ce sont là des pantalonnades dignes de l'homonyme du garde des sceaux, Cazot, qui fut un comique célèbre du temps de Louis-Philippe; mais les farces du ministre sont moins amusantes et moins drôles que celles de l'acteur.

*
*

On dit que le garde des sceaux suit aveuglément les instructions de M. Gambetta, à la fortune politique duquel il est tout dévoué.

Je n'examinerai pas les divers actes de M. Cazot, dans sa position actuelle, ses nouvelles opinions sur le Divorce, sur la Réforme de la magistrature, etc., etc., ce n'est pas ici la place; j'aurai à y revenir un jour, peut-être, quand le ministre de la justice ne sera plus ministre, ce qui peut encore tarder longtemps; car le garde des sceaux aime le pouvoir, et pour le conserver il est tout disposé, ce me semble, « à ménager la chèvre et le chou. » Cela réussit parfois, mais souvent aussi c'est dangereux, il peut arriver que le chou pourrisse et que la chèvre crève. »

Et déjà les compatriotes de M. Cazot me semblent un peu refroidis à son égard; son influence est considérablement diminuée dans le fameux département du Gard; aux dernières élections législatives partielles, qui viennent d'avoir lieu à Alais, le candidat préféré du ministre a été piteusement battu par M. Desmons, candidat radical. Voilà déjà un premier avertissement !

*** ***

M. Cazot est catholique, c'est-à-dire qu'il est né dans cette religion. Vous ne voyez à cela probablement aucune importance, ni moi non plus. Mais dans le Gard, il n'en est pas de même, les anciennes rancunes religieuses sont loin d'être complètement éteintes, et les protestants, devenus de plus en plus nombreux, tendent à devenir les maîtres de la situation politique dans ce département. Aussi M. Cazot a-t-il cru devoir prendre l'attitude austère et le maintien raide adoptés par ceux qui appartiennent à cette secte du christianisme.

Toujours correctement vêtu de noir, le garde des sceaux se distingue facilement au milieu d'un groupe de personnages officiels à un signe particulier : il n'est pas décoré.

Juillet, 1881.

A. CAREL.

CAPIOMONT aîné, CALVET et Cie, éditeurs, 10, rue Git-le-Cœur, Paris

Paris. Typ. Collombon et L.t14, rue de l'Abbaye, 22.

BIOGRAPHIES CONTEMPORAINES

EDOUARD DETAILLE

RESQUE à l'extrémité du boulevard Malesherbes, au numéro 129, à la suite des splendides constructions qui bordent cette voie et en font une des plus belles du Paris moderne, le regard est attiré par un petit hôtel d'aspect sévère.

Construite en briques rouges, à deux étages seulement, chaque étage percé de trois larges fenêtres et pour tout ornement trois belles pièces de céramique moderne au dessous des fenêtres du premier étage, il est facile de voir que cette habitation a été bâtie selon le goût et la fantaisie de celui qui l'habite.

Ceux qui ne connaissent pas le nom du propriétaire de cet hôtel jettent un coup d'œil et passent, les autres au contraire s'arrêtent un instant et murmurent : « Voici la demeure d'un homme heureux. »

La fortune, en effet, a été prodigue de ses faveurs envers le jeune hôte de ce nid capitonné, véritable modèle du *home* anglais. Arrivé depuis longtemps déjà à la renommée, à un âge où la plupart de ses confrères—et des meilleurs—sont encore aux prises avec les besoins matériels de l'existence, cet homme si heureusement doué par la nature et si admirablement servi par le destin, est le célèbre peintre Edouard Detaille.

.*.

Jean-Baptiste-Edouard Detaille, né à Paris le 5 octobre 1848, de parents aisés, ne connut point les petites misères inhérentes à l'enfance et à la jeunesse. Son père et sa mère, intelligents et bons tous deux, élevèrent avec le plus grand soin et la plus tendre sollicitude cet enfant qui faisait toute leur joie comme, plus tard, il devait faire tout leur orgueil.

Si parfois la maman était obligée de gronder son bambin qui avait charbonné un bonhomme sur le mur,—car, dès sa plus tendre enfance, Detaille manifesta un goût prononcé pour le dessin — très douce était la remontrance.

Cet amour du dessin valut au jeune homme bien des pensums pendant le cours de ses études ; car il était toujours bien plus préoccupé de la forme d'un casque ou de la tête d'un grognard que du carré de l'hypoténuse ou du *Jardin des racines grecques*. Mais il était puni « pour le principe » et plus d'un professeur ont gardé ses dessins « confisqués. »

Ses études à peine terminées, il entra dans l'atelier de Meissonier dont il devint bientôt le meilleur élève. Pour ses débuts, il envoya au Salon de 1867 un *Coin de l'atelier* du maître ; ce tableau passa presque inaperçu.

Mais dès l'année suivante—il n'avait pas encore vingt ans — il exposa la *Halte du Tambour ;* cette œuvre fut appréciée favorablement par la critique et le public confirma cette appréciation.

Ce tableau a son histoire : l'homme qui avait posé pour le Tambour se connaissait en peinture, —à force de fréquenter les ateliers, certains modèles deviennent fort experts — lorsque le tableau fut achevé il proposa au jeune peintre de l'acheter au prix de huit cents francs. Marché conclu ; ce fut une bonne affaire pour le vendeur et pour l'acquéreur ; ce dernier n'eût pas de peine à gagner une jolie somme et le peintre, à la suite de cette première vente, fut plus sûr de lui-même ; cela lui sembla de bon augure.

En 1869, *le Repos pendant la manœuvre* démontrait de sensibles et remarquables progrès ; ce fut un des événements du Salon et valut à son auteur la médaille.

Au milieu de l'enivrement de ses premiers succès, l'artiste fut frappé dans ses plus chères affections ; son père mourait, non toutefois sans avoir eu la suprême joie d'assister au triomphe du fils qu'il avait tant aimé.

.*.

Pendant la guerre, Edouard Detaille fut enrôlé dans le 8ᵉ bataillon des mobiles de la Seine. Il fit vaillamment son devoir, et peu s'en fallut que la France, déjà si éprouvée, n'eût à déplorer la perte d'un grand artiste de plus.

Le 8ᵉ bataillon de mobiles, un jour du mois d'octobre, faisait une reconnaissance vers le village de Bondy, occupé par les Prussiens. Quelques hommes, parmi lesquels se trouvait notre peintre, marchaient en éclaireurs à la tête de la colonne, échangeant de nombreux coups de fusil avec les grand'gardes de l'ennemi, postées sur la rive droite de la Marne.

Après une très vive fusillade, les mobiles lachèrent pied et battirent en retraite, laissant Detaille et quatre de ses camarades dans les lignes prussiennes. Les cinq mobiles durent attendre la nuit pour s'échapper, encore ne purent-ils le faire sans essuyer le feu des sentinelles ennemies, qui tuèrent un homme et en blessèrent grièvement un autre.

Le jeune artiste fut choisi pour secrétaire par le général Pajol et plus tard par le général Appert.

Detaille mit à profit les facilités que lui procurait sa nouvelle position pour faire des études sérieuses sur la vie des camps, sur les diverses attitudes et les mouvements des soldats, etc.

Pendant la terrible bataille de Champigny, le peintre-soldat parcourut en tous sens les lieux du combat, dessinant au plus fort de la mêlée de précieux croquis qui devaient lui être d'une si grande utilité plus tard, et qu'il consulte encore aujourd'hui.

.*.

La guerre terminée, Edouard Detaille se remit au travail avec ardeur, et envoyait au Salon de 1872, une toile destinée à produire une grande sensation : *Les vainqueurs.* L'artiste avaient saisi sur le vif les pillards qui accompagnaient les armées allemandes.

Par ordre de l'autorité, le jury fut contraint de refuser cette œuvre remarquable.

Les choses se passaient ainsi sous le *règne* de *Mossieu* Thiers, l'an II de la troisième République.

« Faites l'apologie des vainqueurs, si vous voulez, mais surtout pas de critiques ni de récriminations » disaient les couards et les cafards qui faisaient partie du gouvernement de M. Thiers — comparses bien dignes d'un tel chef.

Heureusement l'Assemblée nationale, qui cependant ne valait pas grand'chose, dans un moment de dégoût, jeta bas le « sinistre vieillard » dont l'ambition insensée et l'étroitesse de vue eussent fait plus de mal à la France que toutes les armées réunies ne lui en avaient causé.

Les loustics de Saint-Germain, coiffent périodiquement d'un énorme bonnet de coton,— *vulgo* casque-à-mèche, — la statue qu'on a eu la bêtise d'élever au hideux bonhomme, c'est bien la vraie couronne qui lui convient.

.*.

Mais cette digression, plus ou moins historique, m'a éloigné de mon sujet. Je me hâte d'y revenir.

Le jury qui avait refusé l'entrée du Salon aux *Vainqueurs,* pour des raisons... couardo-politiques, les jugea cependant dignes d'une récompense et leur attribua une médaille de 2ᵉ classe.

Loin de nuire à Detaille, son exclusion du Salon ne fit qu'exciter la curiosité publique et donner un relief de plus aux œuvres du jeune maître, dont la réputation, du reste, était déjà solidement établie et se consolida d'année en année.

En 1873, son tableau, *En retraite,* excita l'admiration générale et valut à l'artiste la croix de la Légion d'honneur. A partir de cette époque, l'envoi de Detaille fut chaque année un des *clous* du Salon.

.*.

Edouard Detaille, comme tous les grands artistes, a des fantaisies. Un beau matin, il voulut montrer qu'il connaissait à fond toutes les ressources de son art, que s'il fait *grand*, il peut aussi faire *petit*, — je parle bien entendu des dimensions de la toile, — et il se mit à peindre avec le plus grand soin un tout petit tableautin, plus petit encore que ceux de son maître Meissonier.

C'est une œuvre de ce genre qu'il exposa en 1874 à l'*Union artistique* — plus connue sous le nom des *Mirlitons*—qui ouvre chaque année aux artistes la coquette salle des fêtes de son Cercle de la place Vendôme.

Le nom de Detaille était, comme je l'ai dit, fort en vogue et on attendait avec curiosité l'apparition de ses nouvelles productions pour juger des progrès accomplis.

Aussi, en visitant l'exposition du *Cercle des Mirlitons,* je cherchais, au milieu des tableaux de peintres célèbres, ceux de Detaille, et je ne pouvais les trouver.

Très intrigué de cette absence, j'interrogeai un artiste qui était près de moi :

— Et Detaille ? Est-ce qu'il n'a rien envoyé ?

— Mais si, un tableau fort curieux.

— Où est-il donc placé ?

— Là-bas, près de la porte d'entrée.

— J'ai visité toute la salle et je ne l'ai pas remarqué.

— Ce n'est pas surprenant.

— Pourquoi cela ?

— Parce que c'est un tableau microscopique.

— Ah !... merci.

Et je me dirigeai vers l'endroit indiqué.

Là, en effet, je vis une petite toile, qu'eût facilement cachée le chapeau de Tony Révillon. C'étaient des *Officiers de Dragons en reconnaissance.* Comme tout est étudié avec soin : hommes, chevaux et jusqu'aux moindres détails ! Si on pouvait agrandir la peinture comme la photographie, par un procédé mécanique, il n'y aurait rien à modifier. Ces soldats lilliputiens sont parfaits, mais il faut une loupe pour juger de leur perfection.

Detaille, qui est jeune et spirituel, a voulu, cette année-là, faire une plaisanterie. « Le public qui aime mes tableaux, s'est-il dit, va chercher parmi les grandes toiles où il est habitué de les trouver. Je vais me cacher dans un petit coin. Ah ! nous allons rire. »

On aurait dit une gageure, d'autant plus que son ami intime, son copain, Berne-Bellecour, exposait, lui aussi, cette même année, un tableau de mêmes proportions : *Les Ecluses de Bougival.*

Ces plaisanteries peuvent réussir une fois, mais il ne faudrait pas les recommencer souvent. Aussi, ces deux artistes, qui sont gens d'esprit, sont-ils vite rentrés dans la voie qui les a conduit à la gloire et à la fortune.

.*.

Je n'ai point l'intention de donner ici un catalogue complet des œuvres de Detaille ; tout le monde connaît les principales, si non pour avoir vu les originaux, du moins par la gravure qui les a reproduites.

Rappelons cependant :

La charge de cavalerie du 9ᵉ cuirassiers à Morsbronn. (salon de 1874.)

Le régiment qui passe, (salon de 1875). Une des plus heureuses et des plus populaires compositions de l'artiste. C'est qu'ils sont admirablement campés ces soldats qui défilent sur le boulevard, un jour d'hiver, musique en tête, drapeaux au vent, suivis de la foule habituelle; tout cela est très animé, très mouvementé; c'est vivant!

En reconnaissance (1876). Voici comment un critique très original et fin connaisseur, Mario Proth, juge cette œuvre dans son *Voyage au pays des Peintres*.

« M. Detaille nous semble en sérieux progrès. Dans un village des environs de Paris où vient de se passer un engagement de cavalerie, un uhlan et son cheval sont restés morts sur la place. Un philosophe à cet aspect pourrait s'attendrir, mais non ces paysans qui entr'ouvent encore effarés leurs volets, ou se hasardent hors de la maison pour secourir un gendarme blessé, ni cette avant-garde de chasseurs à pied précédant un fort bataillon qui débouche par les rues voisines. La mise en scène, comme toujours, est très soignée. M. Detaille a bien campé, bien groupé tous les acteurs, militaires ou autres, de son drame. Ils sont un peu trop figés encore. Ils n'attendent qu'un mot d'ordre pour marcher. Ce mot d'ordre-là, M. Detaille seul peut le donner. Mais à son progrès même, on juge qu'il le donnera bientôt. »

Il l'a donné, en effet, cet ordre et, sous sa vigoureuse impulsion, les soldats marchent avec cet entrain et cette crânerie qui nous auraient évité bien des sanglantes défaites, n'avaient été l'incapacité, l'incurie et parfois la trahison des chefs que nous avait légués le dernier empire.

E. Detaille partage avec A. de Neuville, de beaucoup son aîné, la gloire d'avoir transmis aux générations futures de précieux documents sur cette si funeste guerre de 1870, trop négligée déjà par la plupart des artistes. Aussi, pour ce motif et à cause de leur grand talent, ces deux grands artistes occupent-ils aujourd'hui le premier rang dans la peinture du genre militaire, genre si populaire dans notre pays.

Detaille a fait aussi quelques excursions dans le passé, comme par exemple son *Bonaparte en Égypte*. Mais il vaut beaucoup mieux pour lui et pour nous qu'il continue à s'attacher aux sujets modernes.

Il a exposé en 1878 une aquarelle : l'*Inauguration du Grand-Opéra;* on a aussi de lui quelques lithographies, et un album in-4° destiné aux enfants : *Les bonnes idées de Mademoiselle Lili*. Un grand nombre de ses dessins ont été reproduits par la gravure ou par les divers procédés d'un usage si fréquent aujourd'hui.

Après la mort du regretté Jacques Offenbach, Edouard Detaille a reconstitué la vraie physionomie du compositeur populaire dans une superbe aquarelle qu'il a offerte à sa veuve. Enveloppé dans une vaste robe de chambre en fourrures, qui laisse deviner le pauvre corps amaigri, le *maestro* est là, devant son piano, luttant avec la souffrance qui le minait et s'efforçant de reculer de quelques instants l'agonie pour écrire les dernières notes des *Contes d'Hoffmann* qui devaient terminer glorieusement une existence si bien remplie. L'aquarelle de Detaille produit la plus vive impression.

Notre artiste excelle dans les croquis à la plume, comme nos lecteurs peuvent s'en convaincre en examinant attentivement ce *fac-simile* d'un dessin qui nous a été communiqué.

*
* *

Les amis et les admirateurs de Detaille purent craindre un moment que de trop rapides succès ne fussent cause d'un arrêt, peut-être définitif, des merveilleuses dispositions manifestées par le très jeune maître; ses tableaux ayant été de prime-saut très haut cotés, il était à redouter que, comme tant d'autres artistes, il s'occupât principalement de produire vite au point de vue de la spéculation.

Fort heureusement il n'en fut rien et ses incessants progrès rassurèrent promptement ses amis. C'est que Detaille aime son art avec passion. S'il dessine et peint avec une facilité surprenante, s'il se joue des plus grandes difficultés, ce n'est pas à ses yeux un motif suffisant d'être satisfait. Toujours à la recherche du mieux, l'éminent artiste travaille de huit à dix heures par jour, sans se préoccuper des allants et des venants qui viennent visiter son atelier, et ils sont nombreux; les plus grands personnages, les plus riches amateurs, les plus célèbres critiques et jusqu'aux oisifs importuns qu'on rencontre trop souvent chez les artistes célèbres, se coudoient dans l'atelier de Detaille à toute heure du jour, — je dis se coudoient, parce qu'il est difficile de s'asseoir, les sièges faisant presque complètement défaut.

Il est curieux cet atelier; c'est une très vaste salle construite en planches au fond d'une grande cour; uniquement consacrée au travail, cette pièce ne renferme aucune des futilités dont aiment à s'entourer les artistes riches, mais en revanche on y voit une quantité énorme de casques, de shakos, de képis, de bonnets de toutes les formes, de toutes les époques et de tous les pays; puis des uniformes, des harnachements, des sabres, des fusils et des armes de toutes sortes ; c'est là le vrai luxe du peintre des soldats. Le long des murs, des esquisses, des ébauches, des études de toiles célèbres, etc., et dans un coin un grand diable de cheval empaillé qu'on rencontre parfois sous le vestibule de l'hôtel ou bien dans la cour quand il fait beau temps; un domestique le brosse avec soin, j'allais dire l'étrille, ce qui serait plus couleur locale.

*
* *

Cette absence de tentures, de meubles et de bibelots précieux dans son atelier, ne veut pas dire que Detaille soit ennemi du luxe ; bien au contraire, avec sa nature distinguée, il aime à vivre au milieu des splendeurs artistiques que peut procurer la richesse.

Pour vous en convaincre pénétrons, avec l'autorisation du maître, dans sa somptueuse habitation. Au premier étage, on entre d'abord dans une longue galerie à hautes fenêtres, comme le *hall* des demeures aristocratiques de l'Angleterre. Cette galerie, richement tapissée, est ornée de tableaux modernes, qui sont loin de valoir ceux du maître.

Au fond de la galerie, s'ouvre un salon de proportions tout-à-fait grandioses. On y trouve réunies les merveilles de l'Orient et de l'Occident. L'or resplendit partout, des cristaux aux chatoyantes facettes jettent leurs feux comme de vrais diamants, et scintillent sur de belles peintures. Les plus riches spécimens de la tapisserie ancienne et moderne sont entassés à profusion, devant les fauteuils et les canapés sont étendus les plus magnifiques fourrures qu'on puisse rêver.

Puis vient la chambre à coucher. Là, tout est d'un style plus sévère quoique le mobilier soit encore d'une grande richesse. Ce qui frappe surtout ce sont les dimensions extraordinaires du lit placé au milieu de la pièce et surmonté d'un baldaquin de velours.

Il est inutile, je pense, de pousser plus avant notre visite; ce premier étage suffit amplement aux besoins d'un célibataire. Le reste de la maison, cela va sans dire, est monté sur le même pied; mais le maître en jouit peu, car il est bien rare qu'il reste chez lui en dehors de ses heures de travail. Fort recherché de la société parisienne, les invitations arrivent de tous les côtés, et le jeune artiste, homme du monde, passe volontiers ses soirées dans les salons où tous lui font fête.

* *

Cette vie mondaine ne l'empêche pas d'étudier beaucoup. Il a visité tous les champs de bataille de la guerre de 1870 ; l'autre année il était à Aldershat, suivant les manœuvres de l'armée anglaise. Les officiers l'accueillirent avec le plus cordial empressement, et à Londres, nombre de fêtes furent données expressément pour lui.

Quand nos troupes entrèrent en Tunisie, il y a quelques mois, Detaille n'eut garde de laisser échapper une semblable occasion de faire de nouvelles études. En compagnie de son ami Berne-Bellecourt, il se mit promptement en route, muni de lettres de recommandation pour le colonel Brugère, attaché à la personne du Président de la République, et qui était allé là-bas commander l'artillerie.

Nos artistes, embarqués sur un paquebot qui devait les conduire à Tunis, furent obligés de s'arrêter à Bône. Leur voyage à la recherche du colonel Brugère fut des plus accidentés et Detaille le raconte avec l'humour d'un vrai boulevardier.

Un jour que le soleil avait daigné se montrer, le peintre s'était mis de bonne heure au travail ; mais il n'était pas le seul : officiers et soldats en grand nombre prenaient des croquis.

Un jeune volontaire dessinait avec ardeur tout près de l'artiste et finit par attirer son attention.

Detaille, frappé du talent de son voisin, lui adressa un compliment.

— Quel atelier avez-vous fréquenté ? lui demanda-t-il.

— Aucun, jusqu'à présent, répondit le jeune homme ; quand je rentrerai à Paris, j'irai trouver Detaille ; mais je ne sais s'il voudra me recevoir comme élève.

— Je puis vous garantir que vous serez le bien venu, dit le peintre en souriant, et pas n'est besoin d'aller à Paris pour recevoir votre première leçon ; nous allons commencer de suite... je suis Detaille.

De cette excursion, l'artiste a rapporté un très curieux album, véritable histoire dessinée de la courte mais intéressante campagne de Tunisie.

* *

Edouard Detaille est grand et svelte, portant haut la tête. Ses cheveux châtain-clair, ses yeux bleus sous des sourcils bien dessinés, un nez correct et une bouche fine, surmontée de moustaches assez épaisses, tout cela forme un ensemble très distingué. Ses yeux surtout sont fort remarquables : souvent plongés dans le vague, ils s'arrêtent parfois avec une fixité surprenante sur un être ou un objet ; son regard acquiert alors une grande puissance d'observation, dont il sait se servir fort à propos et qui lui est fort utile.

L'artiste, dans son ensemble, a un peu de la raideur britannique et beaucoup de l'allure militaire, qu'il a si profondément étudiée. Son abord un peu froid n'exclut ni une grande bienveillance, ni une exquise urbanité.

* *

A l'occasion de la fête nationale du 14 juillet dernier, Edouard Detaille, l'auteur de tant d'œuvres remarquées, a été promu officier de la Légion d'honneur ; — il n'a pas encore trente-trois ans.

A. CAREL.

Juillet 1881.

Je serai très heureux, monsieur,
de pouvoir vous aider dans le
travail que vous avez entrepris
sur moi. Si je vous prêtais un
portrait et une vue qui ... (à la plume)
que vous pourriez faire facilement
reproduire en fac simile ;
Dois-je vous les faire parvenir
à Paris ou au Raincy St Maur ?
Recevez l'expression de mes
sentiments distingués
        Edouard Detaille

4 Juillet 81.

CAPIOMONT aîné, CALVET et Cⁱᵉ, éditeurs, 10, rue Gît-le-Cœur, Paris.

Paris. Typ. Collombon et Brûlé, rue de l'Abbaye, 22.

BIOGRAPHIES CONTEMPORAINES

THÉODORE DE BANVILLE

la suite de l'école romantique qui jeta un si vif éclat
sur la littérature contemporaine et sur les arts, surgit
une brillante pléiade de
poètes surnommés les Par-
nassiens.
Les Parnassiens, tous jeunes et pleins d'enthousiasme,
se préoccupant surtout de la forme poéti-

que, peu leur importait l'idée souvent ab-
sente, pourvu qu'ils aient trouvé un rhythme
nouveau. C'est à eux qu'on doit tant de rimes
bizarres, rimes riches et même richissimes.
Ils en arrivaient à des choses extravagantes,
comme ces deux vers, par exemple, qui sont
le comble de la rime riche puisqu'ils riment
pendant douze syllabes :

Gal, amant de la reine, alla, tour magnanime,
Galamment de l'arène à la tour Magne, à Nîme.

Il faudrait être bien exigeant pour en
demander davantage.
Voici encore un autre exemple où le poète,
cette fois, rentre dans les temps modernes et
même dans des personnalités. Il suppose que
M. Laurent-Pichat, se trouvant un jour dans
une barque avec feu Empis, la scène suivante
se passa entre eux :

Laurent-Pichat, virant, coup hardi ! bat Empis,
Lors, Empis chavirant, couard, dit : Bah ! tant pis !

Bien entendu, je cite ces vers tout simplement à titre de drôleries littéraires et non comme modèle du style des Parnassiens.

**

Le plus célèbre de tous les poètes de cette nouvelle école est Théodore de Banville; ses œuvres occupent la plus grande place dans *le Parnasse Contemporain*, recueil de vers nouveaux, édité par Alph. Lemerre.

Théodore Faullain de Banville, fils d'un lieutenant de vaisseau en retraite, naquit à Moulins (Allier); le 14 mars 1823. Il vint de bonne heure à Paris et se jeta à corps perdu dans la littérature, plein d'admiration qu'il était pour l'école romantique, qu'il honore encore aujourd'hui.

Il fit bientôt partie de ce petit cénacle composé de jeunes enthousiastes de l'art, pour lesquels les grandes luttes engagées à propos d'un livre, d'un drame ou d'un tableau l'emportaient de beaucoup sur les discussions politiques pourtant fort vives à cette époque.

Le premier volume de poésie de Théodore de Banville : *Les Cariatides*, parut en 1842. Ce fut une véritable surprise pour le public lettré, et cette surprise augmenta encore singulièrement quand on apprit que le poète avait à peine 19 ans.

Les Stalactites, les Odelettes, les Améthystes, classèrent définitivement leur auteur parmi les meilleurs poètes lyriques de l'avis de Théophile Gautier, Sainte-Beuve, Charles Baudelaire et autres juges aussi compétents.

Les Odes funambulesques, que Gautier appelle « une spirituelle débauche d'esprit » eurent un énorme retentissement. Ces rimes extravagantes, ces monstrueux enjambements n'étaient pas destinés à la publicité. Le poète avait composé, tout jeune encore, quelques pièces comiques, voulant montrer à ses intimes « la partie immense que la langue française peut tirer de l'élément bouffon uni à l'élément lyrique ». Ces pièces, augmentées plus tard, furent imprimées avec un luxe fort original par un éditeur-artiste, Poulet-Malassis, qui, si je ne me trompe, inventa le titre d'*Odes funambulesques*.

Cette première édition, fort remaniée depuis lors, est devenue rarissime et la Bibliothèque nationale elle-même ne la possède pas, ou du moins on n'a jamais pu me la communiquer malgré mes demandes réitérées.

Il vous souvient sans doute de ce portrait d'un bohème.

Du temps que son coachman, pâle comme un navet,
Se recourbait en plis tortueux, et n'avait
Plus de collet d'aucune sorte.
Aucun collet, pas même un collet, né *Révoil*,
Et que son vieux chapeau tout dépourvu de poil,
Prenait des tons de colle-forte.
. . . .

Cette invraisemblable association de mots, ce collet... né *Révoil*, a fait rire d'un rire inextinguible ceux qui étaient habitués à voir à chaque moment aux vitrines des libraires un nouveau livre de madame Louise Collet qui n'oubliait jamais d'ajouter née Révoil.

Malheureusement beaucoup de ces pièces, si pleines de verve et d'audace, deviendront incompréhensibles à cause de l'oubli dans lequel sont tombés la plupart des contemporains dont elles stigmatisent les ridicules. Presque tous ceux dont parle Banville sont aujourd'hui inconnus et dans l'édition définitive (?) des *Odes funambulesques* parue en 1873, l'auteur a dû ajouter des notes explicatives à des pièces dont les plus vieilles n'ont pas trente ans ! C'est là un grand défaut, mais je le répète, ces vers ne devaient pas être publiés et la grande célébrité acquise par le poète est seule cause qu'ils ont été compris dans ses œuvres. Du reste beaucoup de pièces ont été complètement remaniées et bien souvent au détriment de l'originalité.

Ainsi ce triolet jadis célèbre :

Pitou veut prendre Abd-el-Kader.
A ce plan, le public adhère.
Dans tout ce que l'Afrique a d'air
Pitou veut prendre Abd-el-Kader.
Il voudrait le barricader.
Et que cet aigle manquât d'aire.

Pitou veut prendre Abd-el-Kader
A ce plan le public adhère.

On chercherait vainement dans les éditions nouvelles ce texte primitif, infiniment plus original et plus gai que le texte revu et corrigé.

Ainsi d'un autre triolet dont voici la première version :

Gredelu serait mon élu,
Si je voulais un domestique.

Ces deux vers ont disparu. Le poète craignit probablement de froisser Gredelu, acteur médiocre des petits théâtres et modifia sa première forme.

En voici assez sur ce sujet, par les exemples ci-dessus, le lecteur sera initié aux modifications profondes que l'auteur fut amené à faire subir à la plupart de ses *Odes funambulesques*.

Banville a fait aussi une pièce de vers intitulée : la *Pauvreté de Rothschild* qui sous une forme paradoxale renferme une idée profondément juste :

L'autre jour, attendant vainement de l'argent
Qui me vient du Hanovre,
Je pleurais de pitié dans la rue, en songeant
Combien Rothschild est pauvre.

J'étais sou ni maille, appuyé contre un fût,
Ainsi que Bélisaire,
Mais ce que je plaignais amèrement, ce fut
Rothschild et sa misère.

. . . .

Je puis faire des vers pour nos derniers neveux,
Et, sans qu'il y paraisse,
Baiser pendant trois jours de suite, si je veux,
Le front de la Paresse.

Mais lui, Rothschild, hélas ! n'entendant aucun son,
Ne faisant pas de cendre,
Il travaille toujours et ne voit rien que son
Bureau de palissandre.

Lorsque par les chevaux de flamme à l'Orient
Cent portes sont ouvertes,
Et que, plein de chansons, je m'éveille en riant,
Il met ses manches vertes.

Tandis que pour chanter les Chloris je choisis
Ma cithare ou mon fifre,
Lui, forçat du travail, privé de tous lazzis,
Il met chiffre sur chiffre.

Il fait le compte, ô ciel ! de ses deux milliards,
Cette somme en démence ;
Et si le malheureux s'est trompé de deux liards,
Il faut qu'il recommence !

N'êtes-vous pas disposés à plaindre ce malheureux roi des banquiers, ce pauvre milliardaire ?

Les Exilés parurent en 1866 et bientôt après *Le Sang de la Coupe*; en 1869, les *Nouvelles Odes funambulesques*

**

Théodore de Banville, satisfait du résultat de son expérience, et malgré l'immense succès des *Odes funambulesques*, avait résolu de ne pas aller plus avant dans cette voie; néanmoins, cédant aux instances de son ami Pierre Véron, directeur du *Charivari*, il écrivit, les *Occidentales*, pour la plus grande joie des lecteurs de ce journal, pendant les dernières années de l'empire, alors que tous les écrivains libéraux faisaient une guerre acharnée à ce gouvernement aussi grotesque que féroce qui allait bientôt s'effondrer. Banville se distingua entre les plus alertes par les épigrammes dont il criblait les vices et les ridicules, prenant à partie tantôt *Ernest Communiqué* « qui allait discrètement, bien ganté et en redingote noire, porter sa copie ministérielle aux journaux mal pensants » tantôt Rouher, le vice-empereur, Cora Pearl ou Haussmann. Un jour, le gouvernement, importuné des attaques incessantes de Henri Rochefort, perdit la tête, — ce qui n'était pas difficile, — et interdit aux journaux de parler de la *Lanterne* ; le lendemain paraissait une des plus mordantes satires du poète dans laquelle il indiquait toutes les périphrases qui devraient remplacer dorénavant le mot « Lanterne » quand on aurait besoin de l'employer.

La comédie finit comme on sait et fit place à la tragédie. L'ennemi entourait Paris d'un cercle de fer et de feu; Théodore de Banville subissant comme nous les horreurs du terrible siège, fut saisi d'une patriotique colère, et trouva de mâles accents pour fustiger ces Vandales qui faisaient la guerre en pillant avec méthode, emballant les pendules et les objets les plus précieux. Jamais peut-être le poète n'a été mieux inspiré, jamais son soufle poétique ne s'est élevé aussi haut que dans presque toutes les pièces composant le volume des *Idylles prussiennes* (1871).

Dans les *Trente-six Ballades joyeuses* (1873) précédées d'un *Histoire de la Ballade* par Charles Asselineau, le poète a voulu faire revivre une forme poétique fort en vogue à la fin du moyen âge.

Les Princesses furent publiées en 1874. C'est une série de sonnets dont nous détachons le suivant, pris au hasard, car tous sont également beaux :

LUCRÈCE BORGIA

Lucrèce Borgia se marie ; il est juste
Que tous les cardinaux brillent à ce gala.
Ceux, du moins, épargnés par la *cantarella*,
Ce poison plus cruel que tous ceux de Locuste.

Près d'eux trône César, jeune, féroce, auguste.
L'évêque de Paphos, vêtu de pourpre, est là ;
Et le pape, à côté de Giulia Bella,
Montre, comme un vieux dieu, sa poitrine robuste.

Le parfum de la chair et des cheveux flottants
S'éparpillent dans l'air brûlant, et comme au temps
De Caprée, où Tibère épouvantait les nues,

Entrelaçant leurs corps impudiques et beaux,
Sur les rouges tapis cinquante femmes nues
Dansent effrontément aux clartés des flambeaux.

Les Rondels (1876) — composés à la manière de Charles d'Orléans, poète et prince français, père de Louis XII, oncle de François Ier — (le titre est ainsi conçu), sont une œuvre de restauration littéraire dont voici un exemple :

LES PIERRERIES

Les flamboyantes Pierreries
Qui parent les glaives des rois.
Et les mors de leurs palefrois
Brillent dans les rouges tueries.

La foule, amante des féeries,
Admire en ses humbles effrois,
Les flamboyantes Pierreries
Qui parent les glaives des rois.

Et dans les louanges nourries,
Les princesses aux regards froids
Sèment sur leurs corsages droits
Et sur leurs jupes d'or fleuries
Les flamboyantes Pierreries.

Ces diverses citations montrent suffisamment la souplesse du talent de Banville. Tous les rhythmes lui sont familiers, il se plaît à rechercher les difficultés poétiques pour avoir le plaisir de les surmonter.

Dans son *Petit Traité de Poésie française*, il explique d'une façon très claire le mécanisme des vers et prend de préférence ses exemples chez les auteurs contemporains : Victor Hugo, Lecomte de Lisle, Albert Glatigny, F. de Gramont, etc.

Parmi les curiosités poétiques signalées dans ce volume se trouve le *Pantoum*. « L'histoire du Pantoum (en français) sera bientôt faite, dit l'auteur. Créé et conservé par l'Orient, qui lui a gardé une grâce infinie et un charme délicat et fuyant comme celui d'un rêve, ce poème si musical essaie seulement de s'acclimater chez nous. La première révélation du Pantoum a été pour nous une traduction en prose donnée par Victor Hugo dans les *Notes des Orientales*. »

La règle absolue et inévitable du Pantoum veut, que du commencement à la fin du poème, DEUX SENS soient poursuivis parallèlement, c'est-à-dire UN SENS dans *les deux premiers vers de chaque strophe* et UN AUTRE SENS dans *les deux derniers vers de chaque strophe*. Le Pantoum s'écrit en strophes de quatre vers. Le mécanisme consiste en ceci, que le second vers de chacune des strophes devient le premier vers de la strophe suivante; et que le quatrième vers de chaque strophe devient le troisième vers de la strophe suivante. De plus le premier vers du poème, qui commence la première strophe, reparaît à la fin, comme dernier vers du poème terminant la dernière strophe.

Devant tous ces obstacles les poètes ont reculé ou n'ont pas réussi, et l'auteur du *Petit Traité de Poésie française* a été obligé de faire lui-même, comme exemple, un nouvel essai du Pantoum.

Que n'a-t-il emprunté à Eugène Vermersch le *Glorieux Pantoum* que celui-ci consacre à l'auteur des *Odes funambulesques* dans ses *Binettes rimées*, petit livre illustré par Regamey et Léonce Petit et devenu bien rare aujourd'hui. Vermersch n'est généralement connu de nos jours que par sa collaboration au *Père Duchesne* de 1871; c'était pourtant un poète d'une grande valeur, surtout un *pasticheur* merveilleux, ainsi que nos lecteurs pourront en juger par le morceau suivant où, malgré l'extravagance du rhythme, toutes les règles indiquées sont exactement observées. Cette pièce n'est qu'une parodie, soit; mais je la cite d'autant plus volontiers, qu'à part sa forme réellement belle, elle dépeint admirablement la douceur des mœurs et la manière d'être de Théodore de Banville :

GLORIEUX PANTOUM

Foin des prosateurs, troupe vile !
Les grands poètes sont des dieux.
A la fenêtre de Banville
Phœbus cligne un œil radieux.

Les grands poètes sont des dieux;
Sur leur front effeuillons des roses.
Phœbus cligne un œil radieux
Par les persiennes demi-closes.

Sur leur front effeuillons des roses :
C'est pour eux que le lys est blanc.
Par les persiennes demi-closes
Je vois Banville s'éveillant.

C'est pour eux que le lys est blanc,
Eux qu'aime en frère l'aigle fauve,
Je vois Banville s'éveillant;
Il se lève timide et chauve.

Eux qu'aime en frère l'aigle fauve,
Ils peignent les crins des soleils.
Il se lève timide et chauve,
Et sur la pointe des orteils.

Ils peignent les crins des soleils ;
Sur les cimes ils font des trilles.
Et sur la pointe des orteils
Il va chercher ses espadrilles.

Sur les cimes ils font des trilles :
Gloire aux mélodieux chanteurs !
Il va chercher ses espadrilles
Sur le fauteuil brodé de fleurs.

Gloire aux mélodieux chanteurs !
Leurs lèvres jettent des topazes.
Sur le fauteuil brodé de fleurs
Bück fait un rêve plein d'extases.

Leurs lèvres jettent des topazes !
Ils font plus sinistre Macbeth !
Bück fait un rêve plein d'extases,
Bück, l'épagneul d'Elisabeth !

Ils font plus sinistre Macbeth,
Ils font plus grande Notre-Dame !
Bück, l'épagneul d'Elisabeth !...
Banville lui dit : O mon Ame,

Ils font plus grande Notre-Dame,
Dans la splendeur de l'ode en feu !
Banville lui dit : « O mon Ame,
« Veuillez vous déranger un peu ! »

Dans la splendeur de l'ode en feu
Ils marchent aux apothéoses !
« Veuillez vous déranger un peu !
« Je vous dirai de douces choses ! »

Ils marchent aux apothéoses
Dans l'Aurore au baiser sanglant !
« Je vous dirai de douces choses ! »
Mais Bück n'obéit qu'en grondant.

Dans l'aurore au baiser sanglant
Leur chaste auréole s'allume!
Mais Bück n'obéit qu'en grondant ;
Le doux Banville prend sa plume.

Leur chaste auréole s'allume ;
Les dieux leur sourient dans les airs.
Le doux Banville prend sa plume :
Banville a les yeux pleins d'éclairs.

Les dieux leur sourient dans les airs
Et pour eux l'Olympe est servile.
Banville a les yeux pleins d'éclairs.
Foin des prosateurs, troupe vile !

Pour Banville, en effet, la forme poétique domine tout. Dans les conseils qu'il donne en terminant son *Traité de poésie*, on lit :

« ..... Tu tromperas les hommes peut-être, mais non pas la Muse. N'est pas poète celui qui n'a pas le cœur d'un HÉROS et que ne brûlent pas une immense charité et un immense amour...

» Sache que, quels que puisse être ton génie et ta science, tu ne sauras jamais parvenir à écrire de beaux poèmes sans un secours DIVIN et SURNATUREL. Si donc il devait arriver un jour que tu dusses, comme saint Thomas, ne croire qu'à ce que tu touches, renonce franchement à l'art de la poésie. S'il te faut un signe évident de l'impuissance poétique de l'homme livré aux ressources de son *infirme* raison, lis les vers que M. Littré, ce savant infatigable, a publiés dans sa *Revue positiviste*. Mieux que je ne saurais le faire, ils te prouveront que, pour être poète, *savoir tout et ne savoir que cela*, ce n'est rien savoir ! »

Malgré tout, il faut cependant bien en revenir à la prose. C'est très beau la poésie ! mais de nos jours elle ne fait pas vivre le poète, sauf de bien rares exceptions. Une dizaine de ses spirituelles chroniques rapportent plus à Banville que les huit volumes de poésie édités dans *la Petite Bibliothèque littéraire* d'Alph. Lemerre ne lui ont rapporté.

Gringoire, un charmant acte en *prose* où Banville fait figurer un Gringoire de fantaisie, qui, ayant offensé Louis XI, est condamné, sous peine de mort, à se faire aimer d'une jeune fille, et qui réussit malgré sa laideur ; ce *Gringoire* là dis-je, a produit plus de droits d'auteur à lui seul, j'en suis certain, que toutes les comédies en vers de notre poète. A la représentation donnée au bénéfice de Dazier, Banville devait toucher pour sa part de droits procurés par sa pièce en prose *mille cinquante francs*, qu'il a généreusement abandonnés au bénéficiaire.

Du reste, Théodore de Banville écrit en prose d'une façon remarquable, son style est chaud, coloré et brillant.

Même quand l'oiseau marche on sent qu'il a des ailes.

a dit Hugo; même quand Banville écrit en prose on reconnaît un poète.

On a en lui un certain nombre de romans ou études.

Les Pauvres Saltimbanques (1853).

La Vie d'une Comédienne (1855).

Esquisses Parisiennes, scènes de la vie (1859) réimprimées en 1866 sous le titre de : *Les Parisiennes de Paris*.

La mer de Nice, lettres à un ami (1860).

Les Camées parisiens, trois séries (1866-1873).

Théodore de Banville a produit un nombre respectable de pièces de théâtre :

Le Feuilleton d'Aristophane, comédie satirique en deux actes, en vers et en prose. (Odéon, 26 décembre 1852).

Le Cousin du Roi, comédie en un acte, en vers. (Odéon, 4 août 1857).

Ces deux pièces ont été écrites « dans une collaboration intime et fraternelle avec son cher et regretté ami Philoxène Boyer ».

Le Beau Léandre, un acte en vers. (Vaudeville, 27 septembre 1857).

Diane au bois, comédie héroïque en deux actes, en vers. (Odéon, 16 octobre 1863).

Les Fourberies de Nérine, un acte en vers. (Vaudeville, 15 juin 1864).

La Pomme, un acte en vers. (Comédie-Française, 5 juin 1865).

Gringoire, comédie en un acte, en prose. (Comédie-Française, 23 juin 1866).

Déïdamia, comédie héroïque en trois actes, en vers. (Odéon, 28 mars 1876).

Florise, comédie en quatre actes en vers. Cette pièce écrite en 1870, et éditée par Alp. Lemerre la même année, n'a pas été représentée.

Il convient d'ajouter à cette liste :

La Muse des Chansons, prologue dédié à Mlle Fix (1851).

Les Nations, ballet. (Opéra, 1851).

Les Folies Nouvelles prologue pour l'ouverture du théâtre de ce nom (1854). Et d'autres pièces d'une moindre importance.

Théodore de Banville a rédigé le feuilleton dramatique du journal le *Pouvoir* de 1850 à 1852. En 1869, il fut chargé de la critique littéraire et théâtrale au *National*. Depuis quelques mois seulement il a quitté ce journal, non pas, soyez-en sûrs, à cause du changement de politique qui s'y est opéré, — sous ce rapport notre poète est fort éclectique, pourvu qu'on le laisse chanter en paix, c'est tout ce qu'il réclame, — mais pour une cause futile en apparence. Son directeur, M. Hector Pessard, peu satisfait du *service* qu'on lui avait envoyé lors de la reprise de *Lucrèce Borgia* à la Gaîté, enjoignit au critique de ne pas parler de l'œuvre de Victor Hugo. Le feuilletonniste, qui aurait considéré son silence, en cette circonstance, comme une trahison envers le Maître pour lequel il a toujours manifesté une grande admiration, envoya tout simplement sa démission de rédacteur du *National*.

Depuis lors, il est entré au *Gil-Blas*, où il écrit de charmantes et très spirituelles chroniques.

Banville a, en outre, collaboré à une foule de journaux petits et grands. *Le Boulevard*, amusante feuille fondée sous l'empire par notre ami Etienne Carjat, reproduisait si souvent des œuvres de ce poète que les loustics du café de Madrid l'avaient surnommé le *Banvillard*.

L'auteur des *Odes funambulesques* a écrit une grande quantité de préfaces et d'études littéraires, notamment dans les *Poètes français* de E. Crépet; l'année dernière il donnait une excellente *introduction* pour la réimpression des *Heures perdues* d'Arvers.

Dans ses revues dramatiques, dans ses critiques littéraires, toujours très spirituelles, le poète fait preuve d'une grande indulgence pour ses confrères. Il aime surtout à témoigner sa sympathie aux débutants, dût-il même sacrifier ses propres convictions artistiques.

Lisez cette fin d'une étude parue dans la *Vie littéraire* à propos des *Chansons joyeuses* et des *Poèmes de l'amour* de Maurice Bouchor :

« .... Certes, voilà de la grande, saine et robuste poésie. Mon cœur de vieux romantique saigne bien un peu quand je vois là-dedans AMOUR au singulier rimer avec VELOURS, et TRÊVE sans S avec SOULÈVES; mais quoi ! je suis DU VIEUX JEU. Ces jeunes gens ont levé l'étendard de la révolte ; ils ont victorieusement renversé ma vieille idole, et celle qui fut LA RIME EXACTE est devenue une déesse sans bras, comme la Vénus de Milo ! »

Peut-on être plus aimable pour un jeune confrère ?

Théodore de Banville est chevalier de la Légion-d'Honneur depuis 1858, mais il n'est pas académicien. Cela n'a rien de surprenant, car c'est un de nos meilleurs écrivains contemporains; or, tout le monde sait que la plupart des bonshommes qui composent l'Académie française, avec leur manie sénile de politiquer, s'occupent de toute autre chose que ce dont ils devraient s'occuper. Chargés de maintenir les saines traditions littéraires, les *Immortels* attirent à eux des personnages tels qu'Emile Ollivier, les ducs d'Aumale et de Broglie, l'avocat Rousse et autres littérateurs de même force, tandis qu'ils laissent frapper inutilement à leur porte des écrivains comme Théodore de Banville.

L'Académie française semble avoir pris en haine tous ceux qui se font un nom dans les lettres; cela peut paraître extraordinaire, mais c'est ainsi ; voyez les ouvrages qu'elle récompense, et vous pourrez juger à quel degré de décrépitude est arrivée cette institution soi-disant littéraire !

Notre poète habite une vieille rue du vieux quartier latin que la pioche des démolisseurs a respectée jusqu'à ce jour.

Cette rue tranquille permet à l'écrivain de se livrer paisiblement à ses occupations littéraires. Il vit là, entouré de sa femme et de son fils, jeune homme fort distingué, auquel il a donné lui-même une brillante instruction, tout en lui faisant étudier la peinture, pour laquelle l'enfant a montré de bonne heure les plus heureuses dispositions.

Dans cette étude, je me suis occupé surtout de l'écrivain, laissant dans l'ombre l'homme privé. J'ai respecté le désir exprimé maintes fois par Théodore de Banville, qui a une profonde aversion pour le bruit et la réclame. Autant certains hommes célèbres aiment qu'on parle d'eux, et sont charmés de voir les petits journaux remplis d'anecdotes plus ou moins authentiques sur leur compte, autant l'auteur des *Odes funambulesques* redoute qu'on s'occupe de lui. Il donne au public dans ses livres et dans les journaux ce qu'il veut lui donner, mais il entend mettre à l'abri des indiscrétions sa personne et sa vie privée. C'est son droit et je n'irai pas à l'encontre, me souvenant de cette note que j'ai trouvée dans un volume de ses poésies :

« Un poète dont la vie a été cachée et modeste n'a pas d'autre biographie que ses œuvres. »

A. CAREL.

Août 1881.

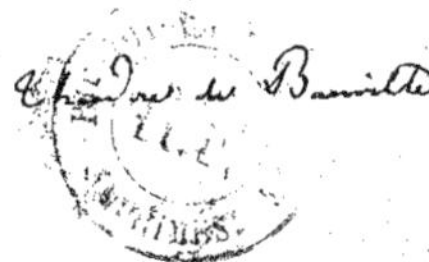

CAPIOMONT aîné, CALVET et Cⁱᵉ, éditeurs, 10, rue Git-le-Cœur, Paris

Paris. Typ. Colombon et Brûlé, rue de l'Abbaye, 21.

www.ingramcontent.com/pod-product-compliance
Ingram Content Group UK Ltd.
Pitfield, Milton Keynes, MK11 3LW, UK
UKHW021459090726
13657UKWH00003B/1409